群星
GREAT
TALENTS

罗澍伟 主编

梁启超

阅读天津
HOW TO READ TIANJIN

徐凤文 著

天津出版传媒集团
天津人民出版社

图书在版编目（CIP）数据

梁启超：风云入世多 / 徐凤文著 . -- 天津：天津
人民出版社，2024.1
（阅读天津 / 罗澍伟主编 . 群星）
ISBN 978-7-201-19975-7

Ⅰ . ①梁… Ⅱ . ①徐… Ⅲ . ①梁启超（1873-1929）
－传记 Ⅳ . ① B259.15

中国国家版本馆 CIP 数据核字 (2023) 第 238328 号

梁启超：风云入世多
LIANG QICHAO: FENGYUN RUSHI DUO

出　　版　天津人民出版社
出 版 人　刘锦泉
地　　址　天津市和平区西康路 35 号
邮购电话　（022）23332469

策　　划　纪秀荣　赵子源
责任编辑　李佳骐
装帧设计　世纪坐标　明轩文化
美术编辑　丁莘苜　汤　磊

印　　刷　天津海顺印业包装有限公司
经　　销　新华书店
开　　本　787 毫米×1092 毫米　1/32
印　　张　6.125
字　　数　80 千字
版次印次　2024 年 1 月第 1 版　2024 年 1 月第 1 次印刷
定　　价　48.00 元

阅读天津·群星

HOW TO READ TIANJIN
GREAT TALENTS

主编的话

罗澍伟

天津，群星璀璨，人才辈出，他们用炽热的生命，书写了这座城市的骄傲与自豪。

天津是中国北方最早和最大的沿海开放城市，惟其"早"，在中西文明的碰撞中，引领了潮流和时尚；惟其"大"，海河五大支流在此汇聚入海，滋养了这片培育精英的沃土。百余年来，这里涌现了一批打破时空维度，精神属于中国、才华属于世界的大师级人物。

"阅读天津"系列口袋书第二辑"群星"，恰似一幅近代天津历史与文化的人物画卷，读者可以从哲学、译学、新闻、实业、科学、文学、艺术等不同视角，品读这

HOW TO READ TIANJIN
GREAT TALENTS

座城市，其中包括：

被赞为"中国西学第一者"的维新思想家严复，被誉为"世界第一之博学家"、著述等身的梁启超，"为酬素志育英才"的教育家张伯苓，"二十文章惊海内"的弘一法师李叔同，"化私为公"的实业家、藏书家周叔弢，"学识以强国、仁爱以育后"的化学家杨石先，一代话剧宗师、中国话剧奠基人曹禺，为数学研究鞠躬尽瘁的"整体微分几何之父"陈省身，"荷花淀派"创始人、"有风格的作家"孙犁，"江湖笑面写传奇"的相声表演艺术家马三立。

纵观他们的一生，有家国的高度，有民族的厚度，有地域的广度。他们把巅峰岁月中的生命磨砺之美，无保留地献给了天津。他们为实现中华民族伟大复兴做出奉献，用担当诠释大义。他们活出了自己的精彩，而且能够跨越时代，触动今人的心灵。他们的精神，穿透城市的晨雾与暮霭，有了他们，这座城市才有了完整的生命。

如今，时过境迁，斯人已去，但他们从未隐入历史的烟尘。他们在天津亲历了近现代中国的历史进程，奏响了人生的跌宕音符与精彩华章。他们的生命，早已融入天津的血脉，成为这座历史文化名城百年成长的标志与象征。

他们的人生，也留下了许多值得回味、令人深思的启迪：对一个人来说，重要的不是生命的长度，而是留在他人心目中的高度。

每个人都有灵性，每个人的生命之旅都是一个不断发现的过程，也是不断觉醒的过程。每个人的身上都蕴藏着改变的力量，才华只是激情与灵感的乍现。大凡找到人生意义的，都是英雄。最好的人生态度，就是发自心灵深处、对社会与生命的感悟；在追索人生深度的同时，找到属于自己的位置——既收获了奋斗的历程，又体验了人生的意义。

天津过往有无数"风流人物"，要使珍藏在时光里的历史切片一一再现，几乎是不可能的。"便将万管玲珑笔，难写瞿塘两岸山。"

在新的历史起点上，让我们奋力追赶历史上的"群星"吧！用海阔天空的想象力、迎难而上的践行力，拥抱更高更远的未来，为实现中华民族伟大复兴不懈奋斗！

（主编系著名历史文化学者、天津市社会科学院研究员、天津市文史研究馆馆员）

HOW TO READ TIANJIN GREAT TALENTS

与梁启超一起饮冰漫游

过去这些年，不知多少次走入天津梁启超纪念馆。有一次从饮冰室出来，正思绪繁杂，路边的游客问举旗的导游："梁启超是谁？"

过去几十年间，机缘巧合，我曾多次徘徊于饮冰室门前：1986年，从历史博物馆资料室借了一本《梁启超年谱长编》，第一次走进当时还是大杂院的饮冰室故地；2003年，天津梁启超纪念馆落成后，写下一篇《饮冰室里可读书》的短文；2008年，曾想租用饮冰室地下室小书房，做一时饮冰室地下室门徒，与梁启超先生一起云漫游；2022年世界读书日，在饮冰室大书柜前与清华大学校史馆连线直播梁启超的天津故事。直播活动结束时，我给梁启超先生的塑像鞠了一个躬。

2022年闭关写作《天津传》期间，天津人民出版社约我写作一本关于梁启超先生的小书，遂了我向梁启超探寻、致敬的多年夙愿。

"当年钦仰的人物，后来不满意。"比梁启超小了整整二十岁的梁漱溟曾如此说。很长一段时间，我对梁启超始终保持好奇，始终不得其门而入。直至最近几年，先后在南通策展"张家老爹（张謇）的理想国"和写作这本梁启超的小书，才廓清了心中的一些疑问。或许正如这本书的书名所示，在一个"风云入世多"的剧变时代，张謇为何选择一城、梁启超为何选择一室，不断转身，急迫不定。

梁启超像是一个生活在各种时间线上的时间捕手，像是隐藏在我们书架背后从星际穿越而来的星穿隐士。我们对他每一次面临的历史现场、中心人物及周遭一切充满好奇，但依然有许多疑问还需后来者不断探索：梁启超为何在欧游归来后转至讲坛和书斋，探索中国文化应变时代的现代化方向？梁启超是否如其所言，找到了让年轻人精神不再痛苦的中国秘方？他还是我们同时代的思想者和行动者吗？

"梁启超是谁？"这句话，不知坐在院子里读书的饮冰室主人听到了，是不是又得嚼下一大块冰块。饮冰者，"嘎嘣""嘎嘣"，犹热，犹冷。

在写下本书最后一段文字的凌晨，在朋友圈发了这样一段话：那个时代的列车，在这个夜晚隆隆驶过广漠的华北平原，一些历史思

绪、一些历史表情、一些历史叹息、一些历史疑问，破空、扑面而来，却又寂静无声。一些碎片成型，又被击碎，散落在喧嚣和暗影中，又隐隐退回书架，合上，失踪。

作为一个天津故事的钻研者、探索者、讲述者、写作者，我越来越坚信：是时候用新的目光审视、梳理、讲述、写作这座河海之城的复杂故事了；是时候让更多的年轻人读到、学到、用到梁启超的问学之道、教子之道和趣味之道了，像饮冰室主人一样，做不逐时流的新人，请有趣，不过时；是时候该给梁启超、严复这样的"天津过客"应有的地位了，是他们，让这个城市散发出延续至今的现代文明之光。而这份光芒，不只属于今日，不只属于天子津梁这座城。

徐凤文

2023年9月

目录
CONTENTS

01

车站

风云入世多，日月掷人急。如何一少年，忽忽已三十。

——梁启超《三十初度·口占十首》之一

火车来了。

20 世纪是火车的时代。正如张爱玲在《异乡记》里所说，最重要的事情总是在火车站发生：相遇与别离，邂逅与重逢，政变与暗杀……"一条条餐风宿露远道来的火车，在那里嘶啸着。任何人身到其间都不免有点仓皇吧——总好像有什么东西忘了带来。"

清末北京开往天津的火车手绘图

一百多年前，那时大多数中国人第一次见到蒸汽火车的浓烟，冲天的烟柱翻滚着，伴随着凌厉的鸣叫。火车，曾经代表着工业文明以及新时代的来临，让刚进入工业革命的人们欢欣鼓舞。而对于刚刚驶入火车时代的古老中国，火车更像是一个从西方来的怪兽，惊醒了东方巨龙沉睡多年的大梦。中国人对"火车来了"最经典的描述，出自老舍：

东方的大梦没法子不醒了。炮声压下去马来与印度野林中的虎啸。半醒的人们，揉着眼，祷告着祖先与神灵。不大会儿，失去了国土、自由与主权。门外立着不同面色的人，枪口还热着。他们的长矛毒弩，花蛇斑彩的厚盾，都有什么用呢；连祖先与祖先所信的神明全不灵了啊！龙旗的中国也不再神秘，有了火车呀，穿坟过墓破坏着风水。枣红色多穗的镖旗，绿鲨皮鞘的钢刀，响着串铃的口马，江湖上的智慧与黑话，义气与声名，连沙子龙，他的武艺、事业，

都梦似的变成昨夜的。今天是火车、快枪，通商与恐怖。听说，有人还要杀下皇帝的头呢！（《断魂枪》）

那是一个属于革命家和教育家的时代，也是一个"火车、快枪，通商与恐怖"的时代，更是梁启超说的"千年一变"的时代。

世纪开新幕

1888年，正是"中国以一瘠牛，偃然卧群虎之间"的时代。这一年，康有为北游时第一次上书光绪皇帝，畅言变法之道。这一年十六岁的广东新会举人梁启超，已不满足于学海堂的传统旧学。当他从学海堂同窗好友陈千秋那里第一次听到康有为的大名时，决定前去拜见。一谈之下，康有为"以大海潮音，作狮子吼"，刮起了"思想界之一大飓风"。这一年，北洋水师正式成立，时任北洋水师学堂总教习的严复向李鸿章请了假，从天津前往北京参加考试，名落孙山。

1888年，北方洋务运动的中心——天津。此时，机车已经代替了马拉火车。中国的铁路网开始以天津为中心向周边辐射，也由此开创了天津历史上的新时代。这一年，留美归来的詹天佑来到刚改组的中国铁路公司任工程师。他参与的第一个工程，是将唐胥铁路从芦台展筑至天津。9月5日，

1888 年，李鸿章出席唐津铁路通车典礼

唐津铁路正式通车，"全线计程二百六十里，只走了一个半时辰"。六十六岁的直隶总督李鸿章出席了通车典礼。在官员们的簇拥下，身材魁梧的李鸿章在列车上凭栏而立，表情严肃，甚至显出几分悲壮。

1888 年，天津英租界率先开启用电的时代。这一年的夏天，德商世昌洋行在英租界的绒毛加工厂内安装了一台小型直流发电机，除为工厂照明外，还为英租界内荷兰领事馆安装的一千支烛光的电灯供电。这是天津供电之始。这一年的 5 月，两个英国商人创办了天津煤气公司，除了供给租界内的外侨炊事之用，还供给居民照明之用。租界内的路灯从黄昏到日初，每十支烛光灯收费 1.5 元，每七支烛光灯收费 1.12 元，价格比用煤油贵了两倍。

1888 年，李鸿章担任直隶总督已经十八年，天津开埠已经二十八年。每年，各国抵达天津的轮船已由开埠初的二百二十二艘达到上千艘。这是一幅 1899 年的天津地图，按照传统的中国地图上南下北的样式绘制。从这幅一百二十多年前的地图上，我们看到在今天解放北路的地方，众多外商洋行已经密密麻麻地占据了这条马路上最显要的一些位置，街上最流行的交通工具是人力车。19 世纪 80 年代，当欧美都市已经开始流行有轨电车的时候，天津的城市交通进入了"人力车时代"。当时的人力车还基本上从日本进口，到了天津

1899 年冯启鹏绘制的《天津城厢保甲全图》

后被人们称为"东洋车"，俗称"胶皮"，不仅拉载客人，还拉载货物。到了1895年，天津就有四千多辆人力车。

十年之后，流亡日本的梁启超在其创办的杂志《清议报》上，第一次使用了"世纪"一词，这一自日文翻译过来的词汇自此风行国内。这时，梁启超早已将视野从"泱泱华夏"扩大到"远洋世界"。在其一年后所作的《壮别》诗中，有这样激烈的词句："世纪开新幕，风潮集远洋。欲闲闲未得，横槊数兴亡。"

经历了甲午战争的读书人，大多还奔走在优则仕的科举之路上。他们或许不像梁启超那样对世界的未来怀着宏大的梦想，但肯定同梁启超一样对中国的未来感到困惑。从"世纪"到"世界"，是以梁启超为代表的一代启蒙读书人，欲使中国走向世界、走进世界的殷殷期许与焦虑所迫。

这是当时的天津站，时人称"老龙头火车站"，始建于1888年，是当时中国规模最大的车站，后来成了京山与津浦两大铁路干线的交汇点。住在天津租界和北京东交民巷的外国人注意到天津铁路的变化，在他们看来，这件事标志着"中国铁路世纪的开始"。那个年代行驶在天津与北京之间的列车，像是不同的政治际遇与人生起承转合的时代转场。奔波于京津之间的人们，心境或许各有不同，但对于他们来说，北京和天津，不仅是两个地方，更是两个世界。而梁启超走向世界之路，正

晚清天津杨柳青年画《铁道火轮车》

民国初年天津火车站

是从 1898 年呼啸着的京津列车上开始的。

不有行者，无以图将来

1898 年 3 月 22 日，严修（字范孙）踏上了从上海开往天津的新裕轮。在船上，严修见"舱外有一人，堆行李于船阑之内，而徙倚以待"，他推窗问是谁，原来是康有为的弟弟康广仁陪病中的梁启超赴北京。下午两点四十五分开船后，梁与康拜访严修先生，这是梁启超与后来成为南开系列学校创始人的严范孙先生的第一次见面。双方在舱内谈得投机，以致康广仁不得不提醒："梁君数日来未曾说如许多话，今日话已多矣。"严修起送，梁鞠躬，乃去。船行，冒着浓烟的新裕轮继续在驶往大沽口的海面上颠簸。

那一年，天津还有一件大事。1898 年 4 月，严复翻译的《天演论》线装本在天津出版，刊刻者正是严修的"亲家"卢木斋。胡适回忆说："《天演论》出版之后，不到几年，便风行全国，竟做了中学生的读物了。"有些青少年干脆以"竞存""适之"等作为自己的字号。胡适本名嗣穈，他就是在读了《天演论》之后才改名为"适"，字"适之"，从此成为一个风趣快乐的进化论者。

严修与梁启超再次见面，是在一个多月后的北京。严修

① | ②
③

① 严修
② 严复
③ 李提摩太

"奏加经济特科"的提议遭到老师徐桐的呵斥，徐桐于门上张贴"严修非吾门生，嗣后来见，不得入报"的逐客令。这份被梁启超誉为"变化之原点"的奏折，给严修带来了一系列的打击，翰林院的职务也被撤销，无奈只能于八月初五日携眷返回天津。

1898年7月3日，光绪皇帝召见梁启超，此事在梁所写的《戊戌政变记》中只一笔带过。其时，主持《时务报》的梁启超已经享有盛名，与康有为并称"康梁"。按清朝惯例，举人被召见怎么也会给个翰林或者内阁中书，但光绪皇帝仅仅给了梁启超"大学堂译书局事务"的六品顶戴，每月给予一千两白银津贴，用于科学和西学书籍的翻译。这件事，终究有些奇怪。据后来与梁启超一同乘船流亡的王照分析，是因为梁的广东新会口音太重，皇上听不懂他的话，"传彼此不能达意，景皇（光绪）不快而罢"（王照《复江翊云兼谢丁文江书》）。

作为康有为最得意的门生，梁启超在即将到来的"戊戌变法"中崭露头角，也随之被通缉，与他的老师先后乘火车逃离北京，在天津踏上流亡海外之路。此时，梁启超的政见更多是追随老师，善于言论；其思想还要等到流亡日本以后才会焕然一新。

1898年9月21日下午两点，梁启超第一次走进日本公使馆的大门。据当时正在使馆与伊藤博文饭后闲谈的日本驻华代理公使林权助回忆，梁当时"颜色苍白，漂浮着悲壮之气"。这天的早些时候，梁启超来到谭嗣同寓所，其间，传来了南海会馆被查抄、康广仁被捕的消息。他和谭嗣同秘密拜访了英国在华传教士李提摩太，言朝廷已下令逮捕他们，请求这位维新变法的同情者提供帮助。此时，这两个中国青年，谭嗣同劝梁启超做"行者"，赶紧设法逃往日本；而自己要留下来做"死者"。多年以后，梁启超在追忆当时的情形时，说谭给他们两人的选择是："不有行者，无以图将来；不有死者，无以酬圣主。"

此前一天，康有为已经悄然离开北京，乘火车逃到天津，登上了一艘英国轮船后经上海直赴香港。比起康有为的出京之路，梁启超的"出逃记"充满了惊险电影一样的紧张、悬念和波折：与谭嗣同在李提摩太那里分手后，梁启超下午先到日本公使馆写下"奉托之事"，后匆忙离开；当天晚上，梁启超再次跑着冲进了日本公使馆，当时使馆门外有捕手跟踪而来。转天，一夜未眠的梁启超割掉了辫子，跟随同伊藤博文来京的日本驻大津总领事郑永昌，于当日下午三点坐上了开往天津的一趟列车。

不知道坐在列车上的梁启超在想些什么。此前，他已经数次入京，几乎每次都是住在宣南粉房琉璃街路西的新会会馆，甚至七年前与李蕙仙结婚时也是住在那里，而每次到天津只是路过，对这座城市不太了解。

跟日本人坐在头等卧车里，即使闭目养神，梁启超的眼睛似乎也在盯着门口的方向。比起十年前，乘火车出行的人已经很多了。据美国汉学家约翰·斯图亚特·汤姆森介绍："1912年中国大概有5500英里的铁路处于运营状态。德国和英国的承包商，正在建造天津至南京（浦口）的新增铁路干线，英国承包商正在建造南京至上海的新增铁路干线。"①那个时候往返北京至天津的列车，每天至少三趟，全程用时约四小时五十一分钟。天津站，即使在清末的时候也是各路要人往返京津之间的重要历史现场。迎接、欢送的仪式也大多在车站的月台上举行。当然，也包括盯梢。车缓缓驶进站台后，梁启超跟着郑永昌若无其事地下了车，即使不抬头，也能感觉到站台上有一些警觉的目光注视着每一个下车的男性旅客。

梁启超到达天津后，正值天津奉令捉拿康有为，风声甚紧。甩开了密探的跟踪之后出了站，梁启超在天津日租界的领事馆心惊胆战地藏匿了三天。9月25日晚九时左右，郑永昌和梁启超几个人穿着猎装，从法租界的紫竹林码头上了一艘中国船，向着海河下游疾驶。凌晨两点钟，船刚到海河下

---

① ［美］约翰·斯图亚特·汤姆森著：《北洋之始》，朱艳辉、叶桂红译，济南：山东画报出版社，2008年，第117页。

梁启超（右）青年时期西装照

游的新河，梁启超惊觉一艘北洋军的蒸汽快船已经挡在了小船的前边。船上有荷枪的清军官兵二十多人，声称船上有清廷通缉的要犯康有为。郑永昌告知他们船上是打猎的日本人，并没有清廷通缉的要犯，并约定早上八点半在塘沽火车站正式商定处理结果。随即将一直躲在舱中的梁启超等人转移到了停泊在大沽口海面上的日舰大岛舰上。9 月 26 日，袁世凯将此事奏报了总理衙门，袁世凯虽知船上的人不是康有为，但还不知是谁。梁启超在日本军舰上滞留了半个多月，终于在 10 月 15 日启程赴日。与梁启超同时登上大岛舰的是祖籍天津宁河的王照。王照曾参与百日维新，劝康有为循序渐进。虽然与梁启超有同船之谊，但王照和康、梁的关系始终不睦。到日本后，他到处揭发康有为四处宣传的"衣带诏"为伪造。后来，王照转而走上开启民智之路，仿日文假名，采取汉字偏旁或字体的一部分，制定了一种基于北京话发音的汉字拼音方案，名为"官话合声字母"，成为现代汉语拼音的开创者。

从离开天津这一天起，梁启超开启了长达十五年的海外流亡生涯，开启了由"学为国人"到"学为世界人"（梁启超《夏威夷游记》）的漫游历险，也开启了如胡适所说的"那个曾经震荡中国知识分子至几十年之久的大运动"。后来多少年，无论是在京津列车上还是在天津饮冰室的书斋里，抑或是在驶往异域的苍茫大海上，梁启超不知多少次跟人声情并茂地讲起如

新会梁启超任公著① 《佳人奇遇》书影

（天津梁启超纪念馆供图）

何与谭嗣同诀别，如何化装成猎人摆脱追捕。但他很少讲起的
是，在驶往日本的二十多天里的精神奇遇。在日本军舰上，善
解人意的舰长见他忧患满怀、激愤难解，送了他一本叫《佳人
奇遇记》的日本小说作为消遣。这本书是柴四郎写的"政治幻
想小说"，虚构了留美日本青年东海散士与流亡异国的西班牙
将军的女儿幽兰、投身爱尔兰独立运动的女志士红莲和明末遗
臣范鼎卿的故事。书中有奇异的男欢女爱，也充满了故国沦亡
之悲、壮士报国之志。如此故事，让此时蒙难去国、沉痛刺骨
的梁启超感同身受，慨然怀想，情不能已。

---

① 实为译作。1898 年，梁启超到日本后，在《清议报》上翻译刊载。此
图为中华书局于 1936 年出版的《佳人奇遇》的封面。

02

快枪

这是谁的功劳呢？可以说谁也没有功劳，可以说谁也有功劳。

——梁启超《辛亥革命之意义与十年双十节之乐观》

1907 年 10 月 6 日法国《十字架画报》刊登的绘画《走向现代化的中国》

到达正阳门车站时，总有一种时空穿越的奇妙感受，当火车穿过北京城墙下像隧道一样的街道时，眼前忽然出现前所未有的繁华街景，火车穿越马路卡口的"当—当—当"声尚清晰可辨，呼啸着的火车头仿佛一下子扎进了隧道尽头的古老城墙里。

1902年1月8日，在《马赛曲》的迎宾声中，慈禧太后和光绪皇帝第一次坐上了当时最现代化的交通工具——火车，回銮北京。当光绪皇帝的黄轿子在袁世凯武卫军护送下经过前门瓮城时，城墙上站着一群围观的洋人。两天之后，清政府宣布恢复京师大学堂（北京大学的前身）。十天之后，慈禧太后第一次撤帘露面，召见各国驻华使节夫人。

"风云入世多，日月掷人急。如何一少年，忽忽已三十。"1902年，虚岁满三十的梁启超元气淋漓，在日本写下了这样一首诗。这一年的6月17日，同情维新派的满族人英敛之在天津法租界创办《大公报》，创刊的第五天就发表文章，敦促慈禧太后交出权力。这时候的天津，在四十多年的开埠和两

1902年慈禧太后和光绪皇帝西逃回銮场景

年的动荡后，弥漫着新政改革的气息。

这是在中国数千年文明史上从未有过的事情。在梁启超居住的横滨，1901 年约有中国留日学生二百七十人，两年后增加到一千三百人。在 20 世纪最初的十年间，赴日留学的中国青年将近十万人，创办的各类刊物多达一百零八种。北方的青年学生大多从天津东渡日本，他们沿着几年前梁启超出逃的航线，前往东洋与"救快男儿"① 在日本相遇。

大乱之起，决不能出两年之外

1902 年 8 月 15 日，天津街头巷尾悬挂龙旗，张灯结彩，直隶总督府正在举办一场盛大的宴会。在这场宴会上，天津及天津一带地方交还中国自治。当天津都统衙门管理委员会的主任乌沙利文上校，将天津临时政府两年内的财政结余——一张面额为 185024.15 两的支票——装在一个精致的红封套里交到直隶总督兼北洋大臣袁世凯的手中时，在场的人注意到：袁世凯若无其事地抬起一只脚，顺手将封套塞进了他的靴筒里。宴会继续进行，就像什么事情都没发生过一样。

---

① 出自［日］林权助:《救快男儿梁启超》(选自夏晓虹编:《追忆梁启超》，北京: 中国广播电视出版社, 1997 年, 第 190—195 页)，"救快男儿"在此指代梁启超。

1902年，袁世凯（前排居中）与天津都统衙门管理委员会成员合影

　　这一年的6月1日，英国人交还了京榆及侵略中国期间续建的前门等铁路，新建的北京广阳门车站已经铺上了汉阳造的钢轨；天津第一家政府设立的金融机构官银号在靠近老城的东北角建立，不久就放出了七十万两低息贷款稳定人心；12月13日，孙中山在东京创办兴中会分会；12月17日，恢复后的京师大学堂在北京开学。这一年，奥匈帝国、意大利在天津设立租界。至此，天津已有英、法、美、德、日、俄、意、奥、比九国租界。十多年后，梁启超最终选择寓居意租界。

1902 年，戊戌变法失败后的第四个年头。"新民为今日第一急务。"1902 年 2 月 8 日，梁启超在横滨创刊《新民丛报》，以"中国之新民"的笔名发表了脍炙人口的长篇政论文《新民说》。这一年的岁末，梁启超效仿戊戌死友谭嗣同《三十自述》的文体写下同名自述，以饱满的情感书写自己的少年心灵史。如果说自 1891 年追随康有为讲学变法，是梁启超由旧学入新学的转折点；那么 1898 年东渡后，他得以直接接触域外学说，思想再次得到更新。此后，梁启超辗转至夏威夷、印度、大洋洲等地，复还至日本。经历此番思想激荡，无论是知识、眼界、体认还是阅历，三十岁的梁启超都已远远超过了同时代的中国人。

与康有为是梦想家、狂人不同，梁启超是现实的工程师，以呼唤建设新中国为务。1902 年起，提倡"除心奴"、建立自由现代人格的"新民"成了梁启超这一时期思想的核心，"欲维新吾国，当先维新吾民"，他在这一年创办了《新小说》杂志，开启

《新民说》书影　　　　　　　《新小说》书影

了白话文运动的先河；写作了《新史学》，批
判以帝王为中心的传统史学框架，"知有陈迹
而不知有今务"，痛指旧史学"难读""难别择""无
感触"，提倡进步的和进化的"史学革命"。

1902年，梁启超最早将尼采的名字译成中
文。当时，日本关于"审美生活之辩"的讨论，
对王国维、鲁迅、茅盾、郭沫若、郁达夫、陈
独秀、胡适、傅斯年等人都产生了深刻的影响。
到了五四运动时，胡适等人所认为的"新思潮
的意义"主要在于"批判的态度"与尼采的"重
估一切价值"颇为契合。

1902年，梁启超一度与革命党人走得很近，

甚至与孙中山等人彻夜长谈，也曾大声疾呼"舍革命外无别法"，这与康有为要做大同社会的"天民"和帝制时代辅臣的想法逐渐叛离。但1903年从美国考察归来后，梁启超坚信中国只能实现渐进式的变革，而不是突进式的革命，由此引发了一场与革命党人"革命不得共和而得专制"的激烈辩论，双方均欲将对方除之而后快。

李大钊曾说："平心论之，清室非有凶暴之君。"辛亥革命爆发前的十年间，清廷政府正以前所未有的速度和广度推行全面改革。然而，从1908年开始，形势急转直下，帝国加速衰亡。维新运动时，大部分上层人士都认为康有为过于激进，而现在新士绅也变得急躁起来，抱怨政府改革的步子太慢。新政带来的苛捐杂税和通货膨胀，普遍影响了中下层群众的生活。1911年9月3日上海《时报》评述："今日中国之乱遍地皆是，如处火药库上，一触即发，其危象真不可思议。"

辛亥革命前这十年，是梁启超的"黄金时代"。蒋梦麟说："他的《新民丛报》是当时每一位渴求新知识的青年的智慧源泉。"在胡适的回忆里，严复的著作虽然被广泛传阅，但是他的文风过于古典，而梁启超饱含热情的文字对读者却具有强大的魔力："他引起了我们的好奇心，指着一个未知的世界叫我们自己去探寻。"1902年春天，来到日本的鲁迅虽然没有参加任何激进组织，但他毅然剪掉了盘在头上的发辫。此时的鲁迅像大多数留日中国青年一样，深受梁启超的影响，也对中国未来的前途感到格外迷惘。此时，梁启超也还在探寻的路上。1902年，他在《新民丛报》上发出了"梁启超之问"：中国何时能走向法治？梁启超认为，儒家治国理念的致命缺陷在于"只能论其当如是，而无术以使之必如是"。对于"梁启超之问"，其实梁启超自己也没有答案。

　　1907年至1908年，革命党至少八次起兵，均告失败。

1906年，梁启超在日本与思顺（右一）、思成（左一）、思永（右二）三儿合影（天津梁启超纪念馆供图）

政治小說 新中國未來記 本稿 飲冰室主人著 平等閣主人批 二九

陸王學是今日救時第一法門

拿破侖亦是歐洲極南哥悉加一小島所產小海島往往出大人物

第三回 求新學三大洲環游 論時局兩名士舌戰

（第二次講義）如今要說黃克强君的人物了。黃君原是廣東瓊州府瓊山縣人。他的父親本係績學老儒。單諱箇璧字。從小受業南海朱九江先生之門。諱次琦字子襄 做那陸王理學的工夫。又最熟中國史學。他那學問志節也算在九江門下數一數二的了。後來回到鄉中開塾講學。學者稱爲瓊山先生。看官。你知道那瓊州本屬我中國極南一箇小海島。向來與內地文化隔絕。怎麼五六十年前。忽然有許多關係全局的大人物出來呢。原來都是瓊山先生的理學鑄造成的。卻說自從中日一役以後。瓊山先生看定中國前途是要有大變動的。因此打發他的兒子和一位得意的門生李去病君同往英國游學。就從光緒乙未年二月起行。那年毅伯先生已經二十二歲。李君去病二十一歲了。這兩位生同里。少同學。長同游。壯同事。後來旗鼓相當。做了許多事業。按下緩表。且

新中國未來記 第三回 二十七

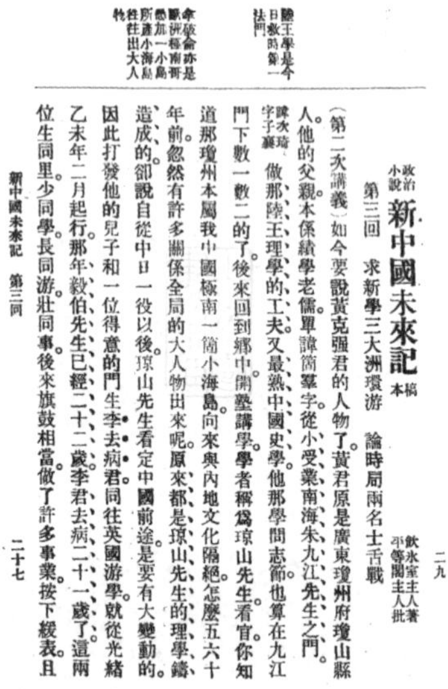

梁启超《新中国未来记》书影

1909 年的隆冬时节，杨度和严修在北京车站送别被逐出权力核心的袁世凯。对于袁世凯的落魄，隔岸观火的梁启超喜悦异常，高呼“国家前途希望似海矣”。不过梁启超的海外政治活动也没有什么成效，虽然代笔起草宪政考察报告，但他在上海发起成立的“政闻社”仍然被清政府查禁。“开放党禁”遥遥无期，“速开国会”未能如愿，使梁启超在 1910 年的春夏之交，发出“家事、党事、国事无不令人气尽”之慨叹。

1902 年，梁启超在日本发表了“政治幻想小说”《新

中国未来记》。在这部小说中，他惊人地预言清王朝将在1912年垮台，新的共和国将定都南京，新共和国的首功之臣将是一个叫"黄克强"的人。而在这个预言即将应验的前一年，梁启超又预言两年之内必起"大乱"："大乱之起，决不能出两年之外，恐四万万人死去一半，然后新机局乃开耳。将来收拾残山剩水，责任终在我辈。"

辛亥年的枪声

但是辛亥年的枪声，还是出乎许多人的意料。

1911年10月12日的下午，梅兰芳正在北京煤市街南

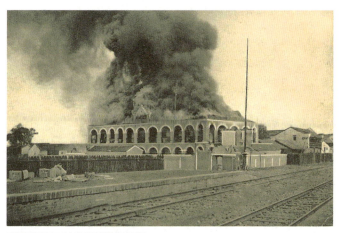

武昌起义时汉口火车站旁建筑燃烧的场景

口文明茶园演出，觉得今天的观众有些异常。散戏后，几个朋友在煤市街北口的致美斋小酌，京师译学馆的朋友告诉他："武昌发生兵变，被革命党占领了，大清朝恐怕保不住了。"

1911 年 10 月 12 日，正在美国科罗拉多州丹佛城的孙中山从报纸上得知了武昌起义的消息，大感意外。此前，他曾劝湖北的革命党人不要妄动。孙中山并没有迅即回国，而是前往欧洲，试图争取英法等欧洲列强的支持。

武昌起义的消息传到河南，袁世凯正在洹上村过返乡后的第三个生日。据说，来贺的朋友大多数认为这只是一场小骚乱，唯独袁例外。这个洹上村是袁世凯从天津的一个大盐商手里买下的，这里紧邻京汉铁路，昼夜都能听到火车的汽笛声。

1911 年 11 月 7 日，严复用英文向《泰晤士报》的记者莫理循倾诉："目前我的孩子们在天津，我独自和几个仆人住在我的这所房子里。形势日趋恶化，我真不知道如何是好，我实在无能为力。"11 月 20 日，天津《大公

在河南老家洹上村扮作渔翁的袁世凯

报》进行了一次征文评比，主题是"君主民主立宪问题之解决"。1905年自上而下开始的"预备立宪"，天津"先行先试"，成为全国推行地方自治的表率。据时在北洋法政学堂读书的李大钊分析，学生中分为立宪、革命两派，多数属于立宪派；及至立宪运动遭镇压，"革命派进行越发有力，从此立宪派的人也都倾向于革命派"，这样的社会心理在当时颇为典型。

武昌起义后，北京开往天津的火车上空前的热闹。英国驻华公使朱尔典向首相坎贝尔报告："北京开往天津的每班火车都装满了人，有的带着全家老小以及祭祀祖先的牌位，纷纷逃离北京。"法国驻天津领事致信法国外长说："从昨晚起，北京站站长已不得不增加车厢，运送从首都逃亡天津或途经天津逃亡南方的人们……北京的难民继续向租界涌来，旅馆住得满满的，可用的房屋都租了出去，甚至租给天津老城区的官吏和显要人物。"天津租界成了京城达官贵人最理想的避难地，也

20世纪初，天津法租界码头的热闹景象

迎来了空前的商机，旅馆、饭店纷纷涨价，位于维多利亚道（今解放北路）上的花旗、汇丰、道胜、正金等外国银行存款骤增，甚至"对新存户采取不付利息的办法"。

此时国内政局动荡，各方政治势力纵横捭阖，纷纷登场，大有"秦失其鹿，天下共逐之"之势。此前，梁启超一直在推动自上而下的立宪改革。革命不期而至，以康、梁为首的立宪党人也急于实现自己多年的政治理想。1911年10月29日，梁启超致徐君勉一信，对时局做出了这样的研判："今兹武汉之乱，为祸为福，盖未可知，吾党实欲乘此而建奇功焉。"并提出了"和袁、慰革、逼满、服汉"的政治策略。曾经的政治敌手，而今要合作联手，梁启超的内心一定纠结了许久，他在致袁世凯的信中说："吾自信，项城若能与我推心握手，天下事大有可为。"从日本乘天草丸号秘密到达大连后，梁启超在致女儿的信中更是信誓旦旦："入都后若冢骨尚有人心，当与共戡大难，否则取而代之，取否惟我所欲耳。"信中说的"冢骨"，即袁世凯也。讵料刚一登岸，就闻知国内局势混乱，不得不仓皇返日。此后他尚有两次往沪和入京的计划，均没有成行。随着形势的发展，梁启超提出的"虚君共和"的救国大计终归是"可怜无补费精神"，南北舆论都倾向于革命党的"民主共和"，立宪党的一些中坚人物也已转向。

1911年11月1日，慌了手脚的清王室重新起用先前被罢黜的袁世凯，随即袁世凯宣布任命梁启超为法律副大臣，多次电催梁大臣到京，但国内时局纷纷扰扰、瞬息万变，梁启超此时还不想为袁所用，还在观察、研判国内政治势力的消长、强弱。中华民国建立后，各派政治势力纷纷呼吁梁启超尽快归国，梁启超关于新生的共和国的政见纲领也频频见诸报端，但这还只是纸面上的参政。此前，梁启超曾向其弟吐露："只要自己不回国参政，中国前途无望。"但关于梁启超选择何时回国和以什么身份回国，同党人士众说不一，归国后干什么，也莫衷一是，梁启超自己一时也没有准主意。

03

归来

欲以言救国者，不可不牺牲其名誉。

——梁启超《敬告我同业诸君》

此幅孙中山坐像拍摄于 1912 年南京临时政府第一次内阁会议期间

    1912 年的北京火车站月台上，经常有各种欢迎的仪式。车站外边的露天广场上，是威风凛凛的骑兵，卫队则沿着车站的月台排列成行，迎候列车。最引人瞩目的是女校学生，她们穿着淡蓝色的上衣和浅色丝绸的裤子，站在乐队边上，等远处喷着浓烟的火车渐渐驶进，列车停下来了，伴随着乐队奏响激昂的乐曲，这些女学生簇拥着欢迎人群涌向车厢口的方向。从列车上走下来的这些人物，正是新生的中华民国的各派政治领袖。

    1912 年 8 月 24 日下午，孙中山于"万人空巷看英雄"的热烈氛围下，从天津乘专列抵达北京前门车站。袁世凯派代表赵秉钧以"开国元勋"的规格欢迎，动用了天子出行的朱漆金轮玉辇，派了豪华卫队迎候，一行人由正阳门入城至石大人胡同迎宾馆。当天晚上七时至十时，孙中山在总统府与袁世凯进行了长达三小时的宴谈。从8月24日至9月17日，孙、袁会晤达十三次之多，每次谈话时间自下午四时至晚十时或十二时，更有三四次谈至夜里两点以后。

这一年，黎元洪、孙中山、黄兴、梁启

1912年元月十五日
中华民国纪元庆祝会入场券

袁世凯当选大总统证书

超的身影，都曾从这些卫兵的队列前穿过。在出站口，总有一辆专门用来接送贵宾的四轮大马车在等候着。这样的欢迎场景，有些类似我们后来在机场看到的欢迎外宾的仪式。照例，这些刚刚北上的贵宾走到马车跟前，会停下来，向聚集在车站外面露天广场上的群众和记者发表简短的演说。

1912 年 4 月 1 日，袁世凯在北京就职第二任临时大总统，南北实现统一。面对这一系列令人炫目的政局变化，身在日本的梁启超反应迅速，于当月写成《中国立国大方针商榷书》，在国内印制了两万份，广为传播。

这篇文章，既是梁启超对过去十多年流亡生涯的总结，也是一直追求国家主义和立宪政治的爱国者拥护共和的政治宣言书。

"这是谁的功劳呢？可以说谁也没有功劳，可以说谁也有功劳。"十年之后，梁启超在天津学界庆祝国庆日的演讲中发表演说。表面上，梁启超是这场革命的旁观者，新生的民国却尊其为开创民国的元勋，国内各派政治势力对梁的归国多持欢迎态度：立宪派各派自然是翘首梁启超的归来，袁世凯已派使东渡请梁启超归国，甚至连黄兴也令国民党本部不再攻击梁启超，汪精卫以后学身份写信给梁启超，表示过去在论战中多有得罪，请求原谅。

按照《中华民国临时约法》的约定，临时大总统须于十个月内召开国会，制定宪法，选举正式大总统。这十个月的时间，正是国内各派政治力量竞相试探、角逐的时期，"党争"局面已经呈现白热化趋势。梁启超归国之时，距离召开国会的时间只剩下两个月了。

这一年是民国元年，也是中国政党政治的元年。

漂泊者归来

　　舱外浓雾弥漫，日本邮轮大信丸号停在天津大沽口这片临时锚地，位置大约在北纬38度59分和东经117度42分。这个季节，正值候鸟迁徙，远处平坦的渤海湾泥滩上能够看到一些老式的渔船，还有一些军舰、货轮停泊在落潮的海面上。大沽口的景象依然如旧，一如当年他从这里漂洋过海时的情景。

20 世纪 20 年代海河上的航运景象

天津大沽口如同梁启超人生中的出海港，从1898年在这里坐上大岛舰离开，到1912年从神户乘大信丸号归来，整整过去了十五年。只是那时的仓皇、忐忑和忧愤悲戚之情，成了今天的期盼、憧憬和掩饰不住的欣喜。十五年前他伫立在船尾，望着陆地慢慢地远去，心中的悲愤难以抒怀；现在的他走上船头，似乎站在船首就可以快些靠岸。

这几天，在北京开往天津的火车上，人们都在谈论着一个人的名字。这些人来自政界、军界、学界，熟识的人之间互相打着招呼，头等车厢里坐着袁大总统的代表，二等车厢里则是北京报馆的众多记者。此前，天津本地的《大公报》已经抢先刊发了一条独家新闻："闻梁君到津后，暂不住北京。拟专主舆论，不欲与党界、学界发生关系。"天津各界自然也派出了代表。各派代表云集天津。民主党以孙洪伊为代表，共和党以张謇为代表，国民党以黄兴为代表，似乎各派政治势力对梁启超返国一致表示欢迎。

按预定行程，大信丸号本应于十月初五抵达大沽，还在日本的梁思顺发回国内的电报错报成了十月初三。此时，直隶总督冯国璋已令天津巡警道率领警察提前去了塘沽；法国巡警则在法租界紫竹林码头做好了警戒；日本领事则安排好了日租界荣街的临时寓所，作为梁启超的临时下榻之地，"陈设极为周备"；梁启超准备入住的位于英租界的利顺德饭店，自十月初二起已经客满。直到十月初五上午，梁启超乘坐的大信丸号才驶入大沽口，梁启超计划于次日趁早潮时换冯国璋派来的小火轮转驳上岸。当天晚上，在给思顺的信中，他乐观地预报："今晚（十月初五）十时可进，明日破晓登岸也。"梁启超可能是记忆模糊了，以为到了塘沽即可进入市区，对"船到埠后，尚需候一日"的安排大为不满。其时，从塘沽乘小火轮走海河到市区租界码头尚需几个小时航程。

似乎是暗合了梁启超即将掀起的政治旋风，一夜之间，大沽口海面上刮起了一阵狂风。呼啸的北风连续刮了三日，海上温度骤降，船中补给渐渐用尽。困在大沽口海上的梁启超"惟觉日长如年"，忍不住在给思顺的信中吐槽："望归国，望了十几年；商量归国，又商量了几个月。万不料到此后，盈盈一水，咫尺千里，又经三日矣。何时能进，尚如捕风。"等到梁启超十月初八到达天津时，那些从十月初六起就专程在紫竹林码头等候的各界人士，有的因要转车去武汉参加开国纪念会而在一天前便离开了，有的还没有接到何时抵津的消息而仍在旅社苦候，码头上只有巡警道和军乐队现场欢迎，梁启超随即乘上马车，由马队护送至酒店入住。

十月初七，《中国日报》在"要闻版"同时刊登了"黄克强天津一日记"和"梁任公到津延迟"两则消息。其实，这不是巧合，虽然梁启超与同盟会（1912 年 8 月，以同盟

1912 年 10 月 9 日《亚细亚日报》关于梁启超抵津的报道

1912 年 10 月 15 日《亚细亚日报》刊登的《大总统敦请梁任公》

会为基础，合并统一共和党、国民共进会等小党派而成国民党）之间结怨多年，但双方此时都有消除旧怨之念。早在梁启超归国之前，国民党的青年领袖黄兴即表达了主动修好的愿望，称今共和已成，"从前所标之革命及君主立宪主义已经取消"，此际"正宜消融历史上之旧感情，荟萃各党派之人才"，甚至有邀请梁加入国民党的想法。黄兴于十月初五晚间偕杨度、张謇同往天津，迎迓梁氏归来，拟握手言和，"以结束革命党、立宪党之全局"，并拟于次日早九时举行欢迎大会。苦候在利顺德的黄兴，因要参加开国纪念会，只得在初八早晨坐上了南下的列车。不巧的是，几乎在黄兴南下的同时，梁启超在紫竹林码头登岸，黄兴以为梁有意避而不见，缺乏和解诚意，托杨度转给梁书信一封予以"忠告"，双方由此错过了一次握手言和的历史性时机。

结束十五年海外流亡生涯的梁启超，在京津两地受到了远胜于孙中山、黄兴等人的热烈欢迎，"三天之中，登门拜谒者达二百人"，"项城约早入京"。梁启超在天津小住了十几天就到了北京，每日赴会演讲，应酬不断，度过了他一生中最高光的时刻，在给女儿的信中，详叙了在北京受欢迎的盛况："在京十二日，可谓极人生之至快，亦可谓人生之至苦"，"盖上至总统府、国务院诸人，趋跄惟恐不及，下至全社会，举国若狂。"在京期间，赴会十九次之多，有时一日进行四次演讲，"每夜非两点钟客不散，每晨七点钟客已聚集，在被窝中强拉起来，循例应酬，转瞬又不能记其姓名，不知得罪几许人矣"。为了应付众人来访，他甚至与客人约定，谈话不超过二十分钟。

欲行完全之两党政治

1912年归国初期的梁启超

十月初八晚七时，民主党在利顺德召开梁启超归国的欢迎会，会上，高个子的孙洪伊显得异常突出。然而，即使在今天的天津，孙洪伊这个人物也鲜有人提及。

清末时期，天津立宪运动风起云涌。李大钊曾说："那时中国北部政治运动的中心，首推天津。"而天津立宪运动的领袖人物，正是孙洪伊。天津位于皇城脚下，商人行事，精于算计，难免处处有些谨慎和庸常，但出生于北仓的孙洪伊是个例外，敢作敢为，行事颇有任侠之气。仅1910年他即发起三次请愿，每一次都是第一个签名，并表示"朝廷怪罪，由我承担"，还在北京城门口起誓"若不成功，愿死于此城门之下"。正是在1910年国会请愿运动期间，孙洪伊和后来被清廷发配到新疆的天津人温世霖，组织鼓动数以千计的天津学生上街。据说，那是中国近现代历史上第一次在校学生的联合罢课和游行。

同样是由温和的立宪派进而为激进的革命派，孙洪伊不仅成了梁启超在天津的东道主，也是当时刚刚成立的共和建设讨论会与梁启超的主要联络人。共和建设讨论会当时奉梁启超为"党魁"，在与民社、统一党、国民促进会、统一共和党、共和党等党派商议的合并过程中，坚决主张以梁为理事长，称其他什么条件都可以接受，只有奉梁为"党魁"这一条不可更改。

1912年初，共和建设讨论会筹建期间，孙洪伊便致函梁启超并介绍其入会。同月，梁启超则建议袁世凯联合旧立宪派和旧革命派分化出来的力量，组织一个统一健全的大党，以与同盟会展开公开的党争。在梁启超眼中，两党政治是实现宪政、推动国家社会进步的必然之选。当月，梁为共和建设讨论会所起草的《中国立国大方针商榷书》明言："欲行完全之两党政治，必以国中两大党对峙为前提。"

　　到天津的第一个晚上，梁启超先是出席了由孙洪伊主持的民主党欢迎晚宴，第二天上午又前往李公祠出席民主党直隶支部的欢迎活动。梁启超到达天津第二天的晚上，还是

天津利顺德饭店旧影

在利顺德这个餐厅，只不过改成了共和党欢迎梁任公归国的欢迎晚宴了。到会人数不足昨日之一半，约五十人。半年之前新组建的共和党以黎元洪为理事长。为借助梁启超的舆论影响力和强大的人气，早在梁归国前三四个月时，共和党的核心人物黎元洪、那彦图等人就纷纷为梁启超归国造势，共和党的各机关报为梁氏归国大说好话。9月21日，杨度提出愿为共和党和梁启超之间牵线搭桥，建议邀梁入党，并表示自己愿斡旋于袁、梁、孙、黄四人之间，"与以感情上、事实上之助力"。共和党的另一领袖人物张謇甚至在天津专程等候梁启超归来。当时，同盟会已联合统一共和党等政团改组为国民党，正雄心勃勃地准备参加国会竞选，大有不得第一党不罢休之势。据悉梁启超曾

与宋教仁秘密接触，二人均有效法欧美两党竞争推动民国政治良性运行的意愿。梁启超之所以周旋于民主党、共和党等各党派之间，意在整合各派政治力量，以与国民党进行良性竞争。

梁启超原为孙洪伊所推崇的民主党之名义和精神的领袖，孙对于梁在归国之初同时周旋于民主党和共和党两党之间的做法颇有微词。梁启超为了抗衡国民党，实现两大政党良性竞争的愿望，对合并者"来者不拒"，孙则要求"合并对象有所选择"。至1913年初袁世凯解散国会事发，孙洪伊更是认为与梁过于迁就袁世凯不无关系，对梁索性公开谴责。国民党报纸更是火上浇油，称进步党"党员中因抱恨梁之阴谋派，情激过切，对于汤（汤化龙）之阴谋派遂未留心"。梁启超应共和建设讨论会所写的《中国立国大方针商榷书》公开推崇强有力的政府，主张政党责任内阁制。以袁世凯为首的北洋系也提倡建设强有力的政府，但主张采行总统制。以宋教仁为代表的国民党人主张责任内阁制，倾向于建设强有力的国会。

梁启超归来后，专程在北京拜访严复，严复在给外甥女何纫兰的信中提及此事："前日梁启超临赴津时，特来相访……称不愿入政界，仍欲开馆出报。"这个"报"就是1912年12月1日梁启超在天津创刊的《庸言》。此时的梁启超不仅推崇两党政治，更以中国传统的"中庸之道"为政党政治之正途，认为政党政治便是"中庸之道""庸言庸行"。1913年5月29日，进步党在北京正式召开成立大会，梁虽只是进步党的理事，实则为该党的精神领袖。随即，梁进入"第一流内阁"，担任司法总长，似乎已经实现了他的组党理想，也可以施展其政治抱负。

1913年初的时候，梁启超和孙中山都认为袁世凯是开明专制过渡期领导中国的最佳人选。但是1913年3月20日晚十时四十五分，沪宁铁路上海北站的枪声，击碎了许多人的共和梦。宋教仁遇刺案发生，严复对时局极为悲观，担心从此内乱不断。他在4月2日的一封信中做了这样的预言："恐从此国事日就葛藤，喋血勾连，殆无时已，而国命与之俱去。事已如此，虽有豪杰，又无魏武、秦王之势，以为所席之基，恐难挽回也。"此时，先是孙中山首先对袁世凯失去了信任，起兵反袁；到了袁世凯复辟帝制之时，就连最反对暴力革命的梁启超也忍无可忍了。

黄兴

《宋教仁先生被刺记》书影

04

觅渡

先是去年正月袁克定忽招余宴，至则杨度先在焉，谈次历诋共和之缺点，隐露变更国体求我赞同之意，余为陈内部及外交上之危险，语既格格不入，余知祸将作，乃移家天津。

——梁启超《国体战争躬历谈》

那个年代，女子出行还是不太方便的事情。如果一个从南方前往北京的新娘乘坐新式交通工具出行，每换乘一种交通工具，都要先戴好头套，脸上挂好面纱，新娘子的官人不掀她的面纱，她是不许任何人看的。从上海驶往天津的轮船舱房要挂上帘子，由天津开往北京的列车头等卧车，即使两个人一个车厢，照例也要挂上帘子。一路上，蒙着面纱的女子什么也看不见，只听见火车行驶中的"隆隆"声、过道上的窃窃私语声以及巨型机器打破辽阔原野的轰鸣声。

民国元年，鲁迅尚"觉得中国将来很有希望"，但到民国二年后事情"即渐渐坏下去"。傅斯年则形象地说，民国元、二年间的状态像是昙花一现的怒放，而民国三、四年间则像冰雹一般的摧残。陈独秀于1915年9月从日本回上海后创办《青年杂志》，此正是共和制度面临严重危机的时刻。

北京城内的今昔对比：古时的轿子与骑自行车的人。刊于 1913 年 3 月 15 日法国《画报》

1916 年 4 月，民国五年，北京时局动荡，年仅十三岁的林徽因随家人由北京迁居至天津英租界。多少年以后，她在天津《大公报》上发表小说《绣绣》，并在文中回忆在天津的那段生活："因为时局，我的家暂时移居到 ××。对楼张家的洋房子楼下住着绣绣。那年绣绣十一岁，我十三……"

异哉所谓国体问题者

已经过了立秋了，天津意租界的马路上，行人稀少。要不是薄暮时分从东站来了一位表情严肃的客人，饮冰室的新居还会一如既往的安静。白天的树上有蝉鸣，到了晚上还能够听到草丛里蟋蟀的秋声。洋灯透出的光穿过木质的百叶窗，仿佛老房子里透过纸窗射进的月光，屋里隐隐约约地传来大铜钟"叮咚"的声音。

1916 年，天津意租界大马路（今河北区建国道）

1915 年 8 月 25 日晚，蔡锷以前往天津看病为由，坐上开往天津的头等卧车离开了北京，在梁启超的新居，见到了在长沙时务学堂时的老师。一日前，由杨度领衔的"筹安会"刚刚成立，要求袁世凯称帝的舆论已经甚嚣尘上。饮冰室内，简单地吃过了饭菜，梁启超和蔡锷在灯下深谈，时而传出梁启超高亢、激动的声音，外边听不见。

蔡锷和小凤仙的故事，坊间已经有太多传闻了。更加精彩的历史是，在袁世凯的眼皮底下，"舆论骄子"梁启超与"昭威将军"蔡锷师生联手，上演了一出粉红色的"诈降"好戏：蔡

蔡锷

《异哉所谓国体问题者》书影

锷与老师在天津定下了"吾明知力非袁敌，吾为全国人人格而战而已"的匡复大计后，回到了北京。蔡锷先是佯装与梁启超闹意见的样子，又约袁世凯的心腹唐在礼参加帝制签名，还逢人就说"我们先生是书呆子，不识时务"，并经常出入青楼酒肆场所，暗中则将几十部密码本藏到了梁启超的卧室中，又秘密联络西南旧部，并以看喉疾为名请了病假来天津就医。早在8月20日，梁启超在天津寓所写下《异哉所谓国体问题者》一文，事先听到风声的袁世凯派人送去二十万元，恳请他顾念知遇之恩，不要发表这篇文章，遭到梁严词拒绝。9月3日，这篇反袁雄文在《京报》中文版上发表，随即引发汹涌的舆情，击碎了帝制的迷梦。在此期间，师生之间一直秘密往来，直到12月2日蔡锷从天津出发东渡日本，又过了

晚年的袁世凯

1915年，梁启超脱党通告

十多天，梁启超才在凌晨三点钟走出了饮冰室的大门。

袁世凯曾为洪宪帝国设计了一面旗子，即在原来五色旗上加一轮红日，意为"五族共戴一君"。当袁世凯高唱帝制时，他的二公子袁克文别唱一调，写了一首"绝怜高处多风雨，莫到琼楼最上层"的"反诗"，坐上火车，从天津南下了。

1916年1月16日，蔡锷的护国军出击四川，朱德在棉花坡一战成名。那一年，朱德是护国军第一军第二梯团第三支队的队长[1]；十四年后，他成了中国工农红军的总司令。康有为想借梁启超之力复辟清室，为了镇住康有为的痴梦，梁启超在讨袁檄文中点明，如再有复辟之说者，"罪状与袁贼同，讨之与袁贼等"，从此与"南海圣人"彻底分手。正当梁启超等人准备秘密偷渡海防入桂时，袁世凯最忧惧的事情发生了：3月9日，时任江苏都督的冯国璋致电袁世凯销假视事，公开反对帝制，成为"北洋派中反对洪宪皇帝之第一中心人物"；3月22日，裁撤帝制后，袁世凯任命段祺瑞为国务总理，但仍行独裁制。6月6日，在国人的唾骂声中，袁世凯惶惑不安地死去，临终前只说了三个字："他误我。"

同年11月8日，在袁世凯病逝约半年之后，蔡锷终因

---

① 此处主要参考：《护国战争中有关朱德支队的历史文献——〈护国之役总司令部命令钞〉和〈护国军第一军第二梯队团战斗详报〉》，《文献》，1979年第2期。

喉疾发作在日本福冈大学医院逝世。此时，在他身边的友人是梁启超的另一个学生蒋百里。大局既定，梁启超又要考虑自己的进退问题了。他准备兑现发起之初承诺的"成功呢，什么地位也不要，回头做我们的学问"，蒋百里虽然在总统府挂了顾问之名，实际是想追随老师研究学问去了。

这一年的 12 月 13 日，梁启超致电北洋政府，发起成立松坡（蔡锷字松坡）纪念图书馆。此时的梁启超还不能如愿从现实政治中脱身。他很想远离政治，但诸多政治问题却找上门来，接连发生的府院之争、张勋复辟、对德宣战，再次把他卷入诡谲的政治旋涡之中。1917 年 1 月 6 日，梁启超踏着风雪离沪入京，要和大总统黎元洪、内阁总理段祺瑞商谈对德宣战这一要事。

皆成纸上谈兵，于时世毫无裨益

1917 年 1 月 4 日，就在梁启超启程离开上海的日子，古都北京大雪纷飞，北京大学迎来了他们的新校长蔡元培。当校工们向校长行鞠躬礼时，蔡元培同样脱下礼帽，郑重地向校工们回鞠一躬。

1917年的大戏就要开幕了。半年之前，1916年8月1日，国会重新恢复，黎元洪、冯国璋分别为正、副总统，批准黎元洪提名段祺瑞任国务总理，总理向国会负责。如果不发生后来的事情，中国将成为继美国、法国之后的第三大民主宪政国家。当时英国、德国、日本还是君主立宪制，俄国还是君主专制。但是好景不长，到了1917年7月，国会再度被取消，府院之争愈演愈烈。

辜鸿铭和张勋的两条辫子，一文一武，中外驰名。都民国六年了，张勋依然豚尾后垂，放言"如果谁胆敢碰一碰我的辫子，我就和他同归于尽"，他的定武军也是"独树一帜"，一律穿着号坎儿，留着辫子，被时人讥为"辫子军"。1917年的6月8日，"辫子军"由徐州乘火车开进天津。抵津不久，张勋就带着十五辆福特小汽车，浩浩荡荡开进意租界里段祺瑞的临时住所。段祺瑞郑重地警告张

张勋车队正从前门车站离开，近处这个士兵就是绾起发髻的辫子军

勋："你如复辟，我一定打你。"但是，张勋听不进去。

1917年的春夏之交，接到张勋复辟密电的康有为装扮成一个老农，悄然抵达北京正阳门火车站，迎接他的只有四名"辫子军"士兵。1917年6月30日晚，张勋、康有为进宫，把溥仪请出养心殿，叩头称臣，山呼万岁。转天清晨，天津估衣街的商户们被警察叫去，叫各户赶制龙旗。商户们一边赶制龙旗，一边先用纸糊的旗子来应付。估衣街的商户尚能对付，其他商户的伙计就自己拿纸糊个三角旗，然后画条小

①　②

③

① 张勋
② 章太炎
③ 杨度

龙，涂成黄色挂出去。有些人嫌画龙太复杂，把小黄龙画得跟条"死长虫"一样。

张勋复辟的消息传到天津，段祺瑞宣布重新就任国务总理，设国务院于天津，自任讨逆军总司令，以梁启超为谋士，天津一时成为讨逆的政治中心。梁启超、靳云鹏、叶恭绰等人纷纷聚集在司令部里，日夜开会，忙个不休。复辟昙花一现，不久天津街头的小坏小儿们[1]便用天津话唱起这样的童谣："张大帅进京，八千辫子兵。小皇帝上殿，老家伙发疯。美梦做了七天整，嘎儿屁朝凉嘎崩崩！"

历史舞台上，总不断有人上场，也不断有人下场。与此前参与袁世凯复辟活动的杨度等人一样，参与张勋复辟闹剧的康有为、沈曾植等人也时有"百年忧患饱同更"的唱和，都从晚清的维新派成了民初的复辟派，成了近代中国新旧转换时代的悲剧人物。梁启超在反对张勋复辟的通电中直斥道："此次首造逆谋之人，非贪黩无厌之武夫，即大言不惭之书生，于政局甘苦毫无所知。"没给老师留一丝颜面。康有为则回诗怒斥弟子是食父食母的妖魔，曾经情同父子的师徒两人彻底决裂。1917年12月6日晚，在呼啸的北风中，正被北洋政府通缉的康有为由美国驻华公使芮恩施陪同，坐火车抵达天津。这一次，

---

[1]　天津方言，意即坏小子们。

他没有再东渡日本，而是辗转去了青岛，从此退出政治舞台。

"革命军起，革命党消"，章太炎在武昌起义初起时的这个判断，几乎成了历史时局的一句谶语。在革命前反对"革命派"的梁启超一直主张实行"开明专制"，革命后又以北洋军为国家之中坚，先与袁世凯再与段祺瑞联合，从护国战争到"马厂誓师"，从拥袁到反袁，从整合进步党到组建研究系，从司法总长到财政总长，梁启超一再贴近政治中枢，一再行险，虽有两次"再造共和"之功，却依然逃不脱一桩桩落空的结局。从志得意满到沮丧无奈，是梁启超归国之后这几年真实的精神肖像。梁启超作为天下仰望的启蒙知识分子，他的一支笔，依然能震慑乾坤，扭转大局。但书生气十足的梁启超在尔虞我诈的现实政治中几乎无用武之地，最终"皆成纸上谈兵，于时世毫无裨益"。

1917年的中国虽然恢复了中华民国的国号，但政治失序，社会动荡。这一年的春节，李大钊（字守常）带着孩子们逛厂甸庙会时买了四幅画猫的小油画，挂在三年前在日本创刊的《甲寅》杂志社里，这一年，李大钊因为撰写攻击梁启超研究系的社论而与章士钊产生了争执，章士钊见素来平和的守常动了怒气，就找高一涵去商量，终究因"一个人的主张是不能随意改动的"，双方妥协，不谈内政，只写国外新闻；这一年的秋天，胡适被聘为北大教授，时年二十六岁。

LA JEUNESSE

05

更新

梁回答说：“我自己常说'不惜以今日之我去反对昔日之我'，政治上如此，学问上也是如此。但我是有中心思想和一贯主张的，绝不是望风转舵、随风而靡的投机者。”

——李任夫《回忆梁启超先生》

1898 年至 1918 年，是中国历史上动荡、剧变、活跃与幻灭感交织的二十年。往返天津、北京之间的列车，见证了那个时代的匆匆过客，不仅政治人物来去匆匆，思想界的风潮也是时起时伏。身处局中的章太炎在 1918 年说："六七年来所见国中人物，皆暴起一时，小成即堕。"一年后，刚刚入局的胡适更是坦言："十年来的人物，只有死者——宋教仁、蔡锷、吴禄贞——能保盛名，生者不久就被人看出真相来了。这是因为时势变得太快，生者偶一不上劲，就要落后赶不上了，不久就成了'背时'的人了。"（1919 年 10 月 8 日，胡适致高一涵诸友信）

　　1918 年，斯宾格勒隐居在慕尼黑的一所贫民窟里，在烛光下完成了《西方的没落》。这一年的 11 月，梁济和梁漱溟父子在谈论最近的欧战，梁济问："这个世界会好吗？"梁漱溟答："我相信世界一天天会往好里走的。"梁济点点头："能好就好啊！"说完，他就离家出走了，再也没有回来。三天后，梁济投净业湖（积水潭）自尽。梁济的死，引起了《新青年》的巨大关注。在胡适看来，梁济的死在于他不能接受新的西方思想，胡适以一种冷嘲的口气说："今日的新青年，请看看二十年前的革命家。"

1918年，二十年前的"革命家"梁启超眼看着他所向往的民主政治渐渐落空，甚至连他的政治生命也到了告别时刻，不得不公开宣布"中止政治生涯"。1918年后，像梁启超这样的"制度主义"爱好者和政治党魁，都开始由追求国家制度的创生转而崇尚社会改造思想的实施，每遇老友他总会倾诉道："着实将从前迷梦的政治活动忏悔一番"，"渴望寻找到一个新生命。"恰在此时，梁启超素来推崇的西方世界发生了翻天覆地的剧变，整个世界沉浸在二十年来从未有过的复杂、纠结的历史情绪之中。

为了亲眼考察战后的欧洲文明，梁启超多方筹集到了一笔十万元的经费。1918年12月28日，他从上海登船，踏上了长达一年有余的欧游之路。考察团的成员一共七人，包括地质学家丁文江、军事理论

1919年，中国赴欧洲考察团在巴黎的合影（前排左二为蒋百里、左三为梁启超、左四为张君劢）

家蒋百里、政治学家张君劢、银行家徐新
六及杨鼎甫、刘崇杰等。这几个人的志趣
不尽相同，丁文江偏重科学，蒋百里偏重
军事和政治，丁文江劝梁启超放弃政治活
动，但同行的蒋百里、张君劢等人认为至
少暂时还不能放弃。晚清和五四虽然是两
代人，但他们无论在成长背景、知识结构
乃至精神气质上，都具有百科全书式的视
野、文艺复兴式的情怀，以及汲汲于救亡
图存、民族复兴的时代焦虑。

少年之中国

梁启超在欧洲游历一年多，回国后发现形势已大不一样，思想界活跃着一大批"新青年"。这些人大多有海外留学背景，他们以北京大学为中心，而不是像梁启超的研究系以报刊为媒介。同样是批判老旧的中国，同样致力于国民思想的启蒙和改造，同样为中国研究、寻找未来的出路，比起年长他们十几岁的启蒙先师，他们更敢想、更敢说、更敢做，在青年中的影响力更是与日俱增。

1919 年，胡适二十八岁，钱玄同三十二岁，刘半农三十岁，鲁迅三十八岁，李大钊三十一岁，陈独秀刚满四十岁，梁启超已四十七岁，"新民子"老矣，一代"新青年"已跃然登上新的历史舞台。

十几年前，梁启超鼓吹"少年中国"和"新民说"，而今比梁启超小了十六岁的李大钊发起"少年中国学会"。梁启超的《少年中国说》虽然鼓荡人心，但他对"少年中国"的描述却是朦胧的，他把振兴中国的希望寄托在青年身上，却没能指出一条切实可行的道路。满怀"中华之再生"意愿的李大钊，在《"少年中国"的"少年运动"》中明确提出，他所理想的"少年中国"是由物质和精神两方面改造而成的灵肉一致的"少年中国"，在蔡锷和梁启超的护国军胜利之际，李大钊在《晨钟报》的创刊号上号召青年们打破老一辈的旧历史、旧文明，创造青春之中华，开启庶民的胜利。

李大钊与1912年在天津迎接梁启超归国的孙洪伊极有渊源。孙洪伊是李大钊在天津就读的北洋法政学堂的校董，李大钊赴日留学即由孙洪伊和汤化龙资助；孙洪伊任内阁总长时，又聘请李大钊担任《晨钟报》总编辑。后来孙洪伊转为国民党，被孙中山委以重任，并促成了国共第一次合作前李大钊与孙中山的历史性会见。会谈的地点就在上海法租界孙洪伊家里的一楼大会议室内。梁启超从清末的立宪派到民初的拥袁派，李大钊从五四时期的青年导师到中国共产党的创始人之一，他们二人成了那个时代新旧政治社会思潮转换过程中的历史缩影。

1918年11月，李大钊将北京大学图书馆的一个房间，拨给新潮社作为社址。此时，第一次世界大战以协约国的胜利而结束。当时的北大学生许德珩直到晚年还记得，那时"公理战胜强权"等口号，"激动了每一个青年的心，以为中国

故宫太和殿前广场一战胜利庆祝仪式。观看阅兵的代表们正走上太和殿的台阶，英美等国驻京军队分列在太和殿甬路两旁，准备接受检阅

就这样便宜地翻身了"。

北京的寒风已经凛冽了，站在天安门广场露天讲台上的演讲者，讲不到五分钟，喉咙已几近失声。11月14日

和 29 日，李大钊先后两次站在这里做《庶民的胜利》的演讲。11 月 30 日，天安门广场举行欧战胜利万人提灯大游行，参加游行的学校有六十多所，当文人大总统徐世昌的

马车进入天安门时，围观之学生、商民声如雷动。这是五四运动爆发前的六个月。许德珩回忆说："一九一八年十一月到一九一九年四月，这一期间学生们真是兴奋得要疯狂了。"1918年11月11日，胡适说："停战的电报传出之夜，全世界都发狂了，中国也传染着了一点狂热。"曾因鼓吹参战而被政敌诟骂的梁启超，并不特别享受这欢喜欲狂的胜利，他冷静地指出，这一次"普天同庆的祝贺"，不过是"因为我们的敌国德意志打败仗"。

不久，被许广平戏称为"像捣乱，不是学习"的日子就开始了。五四运动爆发，正在天津读书的许广平谈到学校的情况时说："那浪潮马上卷到天津来，学生们的游行、讲演，是没法子禁止得住的时候。"当时，谁也没有想到，学生们随后的行为，会被载入中国的史册。时任美国驻华公使的芮恩施称："这是几千年来中国舆论第一次被唤起，并组织起来。"美国著名哲学家杜威在五四运动前三天来到上海，他在家信中写道："想

五四运动前摩登女子照

想我们国家的孩子们吧，同样是十四五岁，中国的孩子已经担负起了政治改革的重任。"

这个时候，经历着直隶女师新生活的女学生，正逐步成长为中国社会的新一代女青年。张若名、凌淑华、邓颖超、郭隆真、刘清扬等人的模样，大约和我们看过的五四电影中的女主角相仿，具有五四时期女学生统一的时代特征：大多穿着白色或淡蓝色的上衣，长度齐膝的黑色绸裙，素颜，天足，短发齐耳，脚蹬球鞋，眼底里闪耀着热切的光芒，精神活泼，手里可能拿着一本新出的小说或者一册叫作《新青年》的杂志……

此时，就在距离直隶女师不远、紧邻着饮冰室的一间洋房里，黄郛整日闭户读书，潜心研究。面对民国以来屡丧自强之机、军阀混战的局面，这个后来做过代理内阁总理的人清醒地预言："一战结束后，全球商战打响，中国将成为众矢之的，国人不觉必亡。"

胡适

思想界仿佛在动了

1917年夏，胡适离美返国时，美国正为有史以来第一次参加欧战而忙着动员。年初，他发表在《新青年》杂志上的《文学改良刍议》，一下子让二十六岁的胡适成了文化界的新人物。"我怎么也想不到我所遭遇到最危险的敌人竟是这个轻易的成功，我似乎是一觉醒来就成了一个全国最受欢迎的领袖人物，"1923年3月12日，胡适在给远在美国的女友韦莲司的信中如此说。

五四前夕，可能是近代以来中国人最爱把自己和世界联系在一起的时期。在当时的中学生郭廷以的记忆中："1918

年底，思想界仿佛在动了。"梁启超总结说，时人因民国以来"所希望的件件都落空，渐渐有点废然思返，觉得社会文化是整套的，要拿旧心理运用新制度，决计不可能，渐渐要求全人格的觉悟"。这些愿望表现在一系列的"新"名称之上，除了今天尽人皆知的新青年，还有一系列的新名词，如新生命、新时代、新纪元等，说得最多的可能是新潮流，总起来当然就是"新希望"。这一时期，甚至出现了一种以"新"为进步、以"旧"为保守的反传统"新崇拜"，进而形成了新即是善、旧就是恶的简单价值判断。

"我们的思想新、信仰新，我们在思想方面完全是西洋化，但在安身立命之处，我们仍旧是传统的中国人，"傅斯年曾对胡适如此说："这个新世界与我们的文明如此不同，身处其中，我们怎能安然无动于衷？"1917年准备回国担当大任的胡适在思索："我们如何吸收现代文明，以使它跟我们自己创作的文明互相融合、协调发展？"

对于五四前后的中国知识分子而言，胡适的问题也正是梁启超这一代改革先辈们一直在探索的问题。面对西潮的冲击，从洋务运动的器物变革到清末民初的政体纷争，从晚清的"中体西用"论到五四时代的"全盘西化"论，在经历了政治上的种种挫折、失败、彷徨后，以梁启超为代表的一代和以胡适为代表的新一代，不约而同地将目光聚焦到了新旧文化、中西文

1919 年梁启超于巴黎留影

明融合的问题之上。作为民初共和政治的重要参与者,梁启超此时深知即使最精心设计的制度、最周密翔实的计划,终究也只能停留在纸面之上,不能达成必须的改革目标。

1919 年 10 月 11 日,梁启超和蒋百里等人乘上一趟开往巴黎郊区的火车。在巴黎郊外白鲁威的公寓里,梁启超潜心撰写在欧洲游历大半年所见、所思的《欧游心影录》。面对西方的没落和中国的危机,梁启超给出了解决中国问题的四步方案:"第一步,要人人存一个尊重爱护本国文化的诚意。第二步,要用那西洋人研究学问的方法去研究他,得他的真相。第三步,把自己的文化综合起来,还拿别人的补助他,叫他起一种化合作用,成了一个新文化系统。第四步,把这新系统往外扩充,叫人类全体都得着他好处。"梁启超注意到，此时中国存在一种诡异的文化现象，那就是中国人拼命反传统，恨不得推倒一切，"毕其功于一役"，反倒是有些外国人在提倡借鉴中国的传统文化。在欧洲，梁启超发现了西方文化与中国文化平视的契机。在他看来，以西方为中心的现代性需要反思，通过中西文化的融合汇通与学理创造，奠基于中国自身文化传统的新文化体系才是中国应该选择的文化道路。这本书，实际上成了梁启超参与新文化运动的宣言。

胡适从美国留学回来的第二年，动了要见梁启超的念头。1918 年 11 月 20 日，回国后的胡适曾致信梁启超，主动求见："适后日（11 月 22 日）将来天津南开学校演说，拟留津一日。甚思假此机会趋谒先生，一以慰平生渴思之怀，一以便面承先生关于墨家之教诲，倘蒙赐观所集'墨学'材料，尤所感谢。"此次所约拜访，因梁启超要乘午时的火车进京而未能实现。

梁启超与胡适的首次会面已经是梁启超从欧洲漫游回来之后的 1920 年了。1920 年 3 月 21 日，胡适有午后六时"初见梁任公，谈"

的记录。关于梁启超和胡适1920年后互动的历史细节，今人所知甚少。同年9月，梁启超在饮冰室书斋费时十五日完成《清代学术概论》，虽然是为学生蒋百里的《欧洲文艺复兴时代史》一书所写的序，但助推首功应为胡适。一年前胡适的《中国哲学史大纲》（上卷）出版，这本书的思想源于1905年，胡适第一次读到梁启超的《论中国学术思想变迁之大势》后，产生了"一点野心"："我将来若能替梁任公先生补作这几章缺了的中国学术思想史，岂不是很光荣的事业？"

从欧洲考察回来后，素来敏锐的梁启超发现自己置身于一种前所未有的思想氛围中。梁启超已成为时人心目中的"老辈"，而胡适则是学界"新人"。同样是返本开新，同样是用现代的视野和西方的方法梳理中国传统文化，同样是要探究将现代文明融入中华传统文化的道路，同样是面对转型的痛苦与挣扎，同样渴望做出"不废江河万古流"的事业，梁启超和胡适选择的路径并不相同，胡适要以西方文化彻底改造中国，梁启超则坚持以西方的思维和方法重新探研中国古典文化，创造以中国文化为本位的新文明。梁启超依然注重追逐新的学术风尚，此时更是将胡适视为"学术对手方"，两人交锋的论辩话语和精彩演绎，构成中国现代学术舞台上让人神往的一幕，也体现了现代中国转型时期新旧两代知识分子之间复杂的历史和情感关系。

1922年3月4日，梁启超与胡适在北大哲学社的那次交锋最为人津津乐道。梁启超当着胡适的面，给予《中国哲学史大纲》很高的评价，又列出许多问题，大家听了都觉得颇有道理。随即，胡适仅用短短四十分钟就轻松地把梁启超的论点一一批驳，大家又转过头来为胡适的答辩喝彩不已。事后，胡适在日记中说："他对我虽有时稍露一点点争胜之意……但这都表示他的天真烂漫，全无掩饰，不是他的短处，正是可爱之处。"但胡适内心深处对梁启超的不通人情世故也很不以为然。

虽然五四运动的导火索由在巴黎的梁启

《新青年》第二卷第一号书影

超传递给了在北京的林长民，但是正在欧洲漫游的梁启超却像是一个五四运动中的失踪者，他不仅不在新文化的现场，也不在觉醒年代的历史现场。逐渐占据中国思想论战旋涡位置的《新青年》，创刊后的第一篇论战文字是指向梁启超的；七年之后，《新青年》收官的第一篇论战文字还是指向梁启超的。《新青年》的论战文章，由梁启超始，至梁启超终。

06

讲坛

战士战死于沙场，学者死于讲坛。

——1929 年，梁启超病中对谢国桢谈话

20 世纪 20 年代，坐火车从天津到北京需要三个半小时，三等车厢里的人明显比以前多了，有的人站着，还有的索性坐在自己的行李上。为了减少乘车事故和纠纷，车窗上的白色玻璃大多被改为蓝色，防止那些第一次坐火车的乘客因为看到一闪而过的新奇风景把头伸出去。

无论是在北京、天津、南京还是上海，你都能够在校园里看到这样的情形：保守派、维新派、激进派共济一堂，背后拖着长辫、心里眷恋着帝制的老先生与刚从欧美归来、西装革履的年轻教授并坐讨论，同席戏谑。1917 年留美归来的蒋梦麟观察到，这样的情形很像是中国的先秦时代，无论是在教室里、讲坛上、客厅里，到处都在讨论着关于文化、知识、家庭、婚姻、社会关系和政治制度的问题。

在北洋军阀时代，先进知识分子思考的问题已经不是怎样引进西方思想，而是引进什么样的西方思想才能拯救中国。五四运动开启了中国的新启蒙运动，成百上千用白话文写作的报刊向渴望了解新思想的年轻人介绍每一种西方思想，知识分子和民族主义的热潮带动着每一种新思潮的传播。

1923 年，是梁启超的五十岁生辰，也是他迁居天津的第八个年头。从那年开始，天津所有学校的教材全部改用白话文。在天津租界及老城里的大户人家，女人的梳妆台上既有传统的胭脂，也有法国的檀木香皂和旁氏洗面奶。来自南

梁启超中年照（天津梁启超纪念馆供图）

开大学的毕业生坐着有轨电车去洋房里辅导孩子们的功课，这些男青年有的戴着眼镜，吸着纸烟，穿着灰色的长袍和那个时代最流行的短夹克。剪发风潮正席卷着距离饮冰室不远的校园，在春天的操场上做操时，女生们一边做操，一边欢快地唱着最新的流行歌曲："一二三四五六七，你的朋友在哪里？在云南，在广东，在湖北，在江西。你的朋友在哪里？"

我梁启超一定要学习孔子

　　1917 年 1 月 31 日，旧历正月初九，定居天津两年的梁启超在南开学校演讲，盛赞"使全国学校能悉如南开之盛名，则诚中国前途之大幸"。与同在台上身材高大的张伯苓校长相比，正在演讲的梁启超显得有些矮小，他的演讲夹杂着许多手势，时而背诵大段的诗文，背不下去的时候，就用手敲他那典型的梁家大脑门，"当当"作响。台下有个目光炯炯有神的青年人，被梁启超的气度雍容和入脑入心的演讲所折服，他就是当年名列南开学校文科毕业考试第一名的周恩来。他以学生记者身份手录的这篇讲稿，至今还保存在天津周恩来邓颖超纪念馆内。不久，十九岁的周恩来东渡日本，留下一首荡气回肠的诗《大江歌罢掉头东》。其首句"大江歌罢掉头东"即出自戊戌变法失败后梁启超从天津东渡日本流亡时所作的诗《去国行》中的"掉头不顾吾其东"，而周诗的意境则更加阔大雄浑。

　　周恩来返回南开学校时，已是五四运动爆

发前的两个月，此时梁启超正在欧洲考察。欧游归来，梁启超凭同城之便及与严修、张伯苓多年的厚谊，与南开大学之间互动颇为频繁，后来还将几个子女陆续送进南开大学读书。1921年9月起，南开大学聘请梁启超开办中国文化史讲座，每周一、三、五下午四时至六时举行，后来每周又增加两个小时，规定此课为文理商三科必修科目。为了提高学生们学习历史的兴趣，梁启超还曾每两周给学生举办一次关于如何做学问的讲座。转年，南开大学开办暑期学校，梁先生主讲"中等以上作文教授法"，学员多达七百多人，邓颖超也在其中。

张伯苓校长欲以梁启超的盛名发展南开大学，就此请梁加盟南开大学，或由梁派人来校任教。梁启超则计划在南开大学筹建文化学院，1922年暑期，他与张伯苓商定，让张君劢出任文科主任，蒋百里、张东荪、林宰平"各任一门"，并计划请梁漱溟到南开大学，加上他自己，"吾六人者任此，必可以使此科光焰万丈"。可惜这一计划终因经费筹措不足等原因未能实行，直到受聘清华国学院才了却了梁启超的部分心愿，但其终究不是以梁启超及其弟子为班底。

在面向新青年演讲时，梁启超总爱讲这样一个小故事。从前有个人的手指点石成金，他把金子给了乞丐，乞丐便反复找这个人要金子，那人问："你到底要多少？"乞丐说："我要你的手指头，因为我拿去可以点金至于无穷。"这一时期，南开大学、东南大学等学府正流行借鉴美国哥伦比亚大学开办暑期学校的经验，除本校名师外，还延揽各界名流开办讲座。望着讲台下的年轻人，梁启超要把他的"金手指"传给更年轻的一代。

1919年9月25日，南开大学开学纪念照

1920年，梁启超讲学社简章手迹

　　正在东南大学读书的黄伯易有些意外，听说梁启超先生受聘清华的教授，闭门写作，不问政治，"我心想他真是无比清高"。1922年夏初，黄伯易一到学校就听说了梁启超、胡适等人要来暑期班讲学的消息。黄伯易第一次见到梁启超，是在东南大学暑期班欢迎大会上。欢迎会结束，学生们在食堂里对大师们的仪表品头论足，有人说想不到杜威不过是一个瘦老头；有人说胡适不像一个学者，倒像花牌楼的商人；还有人学着梁启超夹带云南口音的普通话说："我梁启超一定要学习孔子'学不厌，教不倦'的精神，与同学们一起进

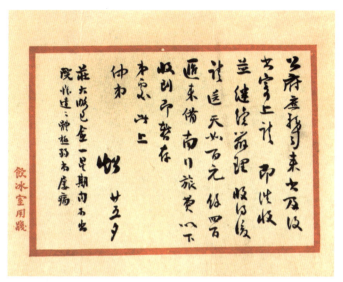

1922年7月25日，梁启超南下讲学致梁启勋书

行攻错。"梁启超广额深目，精力充沛，语音清晰，态度诚恳，他的谦逊给同学们留下了良好的印象。

从1922年4月由天津家中乘火车出发算起，梁启超已经一路南下讲学八个月了。到南京之后，干脆成了南京各学校的巡回演讲大使。11月29日，梁启超在给女儿思顺的家信中，报告了一周的演讲行程："每日下午二时至三时在东南大学讲《中国政治思想史》，除来复^①日停课外，日日如是。每来复五晚为校中各种学术团体讲演，每次二小时以上。

———————————

① 来复：一周为一来复，星期日为来复日。

每来复四晚在法政专门讲演，每次二小时。每来复二上午为第一中学讲演，每次二小时。每来复六上午为女子师范讲演，每次二小时。每来复一、三、五从早上七点半至九点半（最苦是这一件，因为六点钟就要起来）。我自己到支那内学院上课，听欧阳竟无先生讲佛学。"[1] 他在南京的讲演，讲稿都是临时编写，仅第一个月他所编写的讲稿就达十万字之多。因而梁启超整日不是忙于讲演就是忙于写稿，以致陪同他去南京的张君劢也不得不劝他："铁石人也不能如此做。"

欧阳竟无先生是曾追随梁启超的柏桂华的密友，自甲午后专治陆王之学，冀欲补救时弊，后皈依佛门。一次，欧阳竟无庄重地对梁启超说："我绝非轻视你梁启超，而是你的文章对青年传染力强——把佛学导入宗教的鬼神迷信。试想想，我们一代应担负何等罪过？"说到此，竟无先生不禁老泪潸然，梁启超听罢低首无语。

暑期即将结束时，黄伯易发现梁先生不似初时那样精神愉快了，似乎随时处在沉思状态，桌上也堆满了佛学书籍。

---

[1] 丁文江、赵丰田编：《梁启超年谱长编》，上海：上海人民出版社，2008年，第623—624页。

我情愿每天在讲堂上讲做学问的方法

　　1914 年 11 月，一个温煦的冬日，四十一岁的梁启超第一次在清华演讲，以他那充满激情、雄辩滔滔的风格，讲起了中国自古至今的君子之风。梁启超在演讲中引述《周易》中的"自强不息，厚德载物"，后来这八个字成了清华大学的校训。自此，梁启超与清华结下不解之缘：1914 年底，梁启超到清华西工字厅"假馆著书"十个月，1915 年送长子思成进入清华读书，1920 年 12 月在清华系统地讲授"国学小史"，1922 年 2 月起被清华正式聘为讲师。

在建的清华礼堂

1925 年 2 月 22 日，清华国学院主任吴宓坐上火车来天津拜访梁启超，邀请梁启超担任清华大学国学院导师。曾在东南大学任教的吴宓与梁启超性格不同，吴宓偏"固执"，梁启超则"趋时"。吴宓虽推崇梁启超为"中国近代政治文化史上影响最大之人物"，但对梁先生的课评价可不高。9月 16 日，吴宓听梁先生对本院学生讲演《指导之范围及选择题目之方法》后，在日记中这样评价："语多浮泛，且多媚态，名士每不免也。"

梁启超讲课的名士风范，却广受学生的欢迎。学生们最喜欢听梁先生讲古诗词，熊佛西这样描述梁先生的诗词课："先生讲学的神态有如音乐家演奏，或戏剧家表演：讲到幽怨凄凉处，如泣如诉，他痛哭流涕；讲到慷慨激昂处，他手舞足蹈，怒发冲冠；讲到得意处，声音愈来愈高，语句愈来愈快，深陷于自我陶醉中不能自拔！"在清华当导师，梁启超很清楚自己的优缺点，跟学生交流时也坦承，若论专门的学术研究，"谁都比我强，我谁都赶不上，但是我情愿每天在讲堂上讲做学问的方法。"那时候，王国维先生讲的课，听讲的学生很多。单独交流时，王国维则很少讲话，如你讲得好，他就说一句"那倒很有意思"，如你说得有问题，他就摇头，或添上一句"怕不可靠"。陈寅恪先生讲课旁征博引，有些课学生难以听懂。私下交流时，他讲一半，学生讲一半。梁启超与学生交流时则是滔滔不绝，根本不给学生插话的机会。

梁启超也在北大做过演讲，但没有在北大开课。欧游归来后，梁启超受到新文化运动和五四运动的刺激，亟须招纳一些"清流"改变研究系的形象。据胡适回忆，欧游归来后，梁启超有将研究系改建为政党的计划，丁文江、张君劢极力支持，欲以胡适为桥梁，打通北大这个新文化的重镇，推梁启超和蔡元培为党魁。可蔡元培认为，一旦与研究系过分关联，势必使外界"以为此举全是某系作用"。梁启超等人颇为愤愤然，认为这是"有意排挤他们研究系的人"。林长民则抱怨说："蔡先生素来兼收并蓄，何以却排斥我们？"

1925年清华国学院部分教师，坐者右起赵元任、梁启超、王国维、李济

1924年梁启超与泰戈尔等人合影

　　梁启超在南京讲学时，正是学衡派与新文化派激辩的时候。与胡适两次演讲都讲"整理国故"同一个题目不同，梁启超每一次的讲演都是新的课题，准备虽尚不成熟，但每次都能提供新颖而深刻的学术见解。胡适、张君劢等人大讲政治，大谈主义，反倒是梁启超对当时的政治绝口不谈。学生们就一些敏感问题向梁启超和杨杏佛请教，杨有问必答，梁则三缄其口，就此引发学生们争论，有人认为应采杨的态度，有人则欣赏梁。梁启超知道后，对学生们说："讲学的自由和批评的自由原本是双生的。我并非反对自由批评，却反对批评的不自由。我的态度同杏佛并无两样。"多次宣称不谈政治，也不愿意陷入新一代学术纷争中的梁启超，一如其当年归国之初试图整合各党派的尴尬，他徘徊在新一代的新旧两派之间，两头不讨好。梅光迪对新派的胡适和不新不旧的梁启超都不看好，讥讽："少数捷足之徒，急于用世，不惜忘其学者本来面目，以迎合程度幼稚之社会，而'老不长进'，十余年前之旧式改革家，亦多从而和之。"

王国维

1927年4月，李大钊先生遇害的消息震惊了北京，清华园里再也没有了往日的平静，吴宓甚至做好了一旦清华解散就隐居京城以售稿为生的打算。一日，王国维从梁启超处返回，对夫人说："梁启超约我赴日暂避，尚未作考虑。"又一天，陈寅恪劝王国维去城里躲躲，王国维答："我不去！"6月1日中午，国学院举行第二班毕业师生叙别会。正餐开始后，到处都是欢声笑语，唯王国维所在之席寂然无声。各种各样的传闻让从来不关心政治的王国维有些惶惑，有学生劝他剪去辫子，有学生劝他不要离开清华一步。据当时正在清华大学国学院读书的姜亮夫回忆："这时梁任公先生突然去天津，静安先生心中更为惶恐。"有学生邀王国维到山西避乱，王国维苦着脸说："没有书，怎么办？"

07

寓公

世事沧桑心事定，胸中海岳梦中飞。

——梁启超为冰心题龚自珍《己亥杂诗》集句联

1913年8月27日，梁启超拟由北京赴天津，大概晚间到达。在前一天致女儿的信中说："有人乞主婚，其时刻为二三点钟，吾拟礼毕即赴驿，若赶车不及，只好迟一来复耳。"这里说的"驿"，指的就是天津火车站。时至今日，日本的火车站依然借用中国古代驿站的称谓，称火车站为"驿"。

　　1914年，位于海河左岸的意租界铺设了天津第一条沥青马路。意租界当局与美孚石油公司签订协议，在大马路（今建国道）一带进行沥青实验。意租界面积虽然只有七百亩，但因紧邻海河，背靠火车站，建造的基本上都是二三层带花园的洋房，环境清幽，被誉为"隐居者的天堂"。

天津的马可·波罗广场，饮冰室就距离这里不远

1915 年至 1929 年，梁启超在这里生活了十五年。这不仅是梁启超人生第二阶段的主场，也是梁家后人熟悉的"天津老家"。梁思庄回忆，小时候经常在老楼的院子里学骑自行车，逢年过节或家里有什么喜事，就请戏班子来家里唱堂会。请近邻们来家里听戏，要专门用小汽车接送戏班子。有时，梁家还要向朋友和邻居出售一些瓷器餐具，大家都以买到梁家的东西为乐。但为什么梁家要出售瓷器，多年以后，梁家自己人也说不清了。

《饮冰室文集全编》书影（天津梁启超纪念馆提供）

冰心藏有梁启超手书对联一副："世事沧桑心事定，胸中海岳梦中飞。"这是典型的梁氏话语，鼓荡人心，镌刻河山。

这位曾活跃于中国政坛、学界半个多世纪的风云人物，以其启蒙思想及犀利文风影响了几代中国人，被誉为"中国知识分子第一人"。寓居天津的梁启超生活安定，可以相对自由地支配金钱，他的声誉、财富都达到了人生的顶峰。1920年以后，虽然在政治和学术之间反复纠结，虽然在住北京还是天津、北方还是南方之间多次犹疑，虽然时人对梁启超的善变时有非议，梁启超还是选择了以天津为大本营，继续在东西方文明的冲突和交汇中探寻适合中国的道路。在天津饮冰室里，他也把更多的时间留给了自己和家人，把名噪一时与照耀未来的思想、学术之根扎在了这个可进可退之地，"一生所遗仅藏书及碑帖，皆在天津"，他也把自己的"心事"定在了天津。

总住津，不住京

1915年1月间，应袁世凯的长子袁克定之邀，梁启超坐上了开往小汤山的一辆小轿车。进门之后，发现仅有杨度一人作陪。北京的冬夜有些寒冷，寒暄、饮酒，袁克定和杨度的话题渐渐谈及目前共和、国会的一些乱象，梁启超心里明白这是暗示要变更国体。谈话始终格格不入，袁克定意在试探梁的立场和态度。按照当时负责支取总统府特别费[①]的唐在礼的说法："送了许多钱给梁。"不久袁克定再次约梁面谈，索性开门见山，直言变更国体，问梁肯否协作。梁启超深知袁氏父子正在搞复辟帝制的把戏，"知祸将至"，称想找个清静的地方潜心写作，本人则在3月25日坐上火车，下定决心要来天津了。

梁启超想在天津安家，非止一日。1912年，梁启超结束长达十五年的海外流亡生涯，在天津住了十几天后去了北京，虽然大受欢迎，但苦于应酬，"居京则卖身宾客而已"。翌年，京津诸友在天津孙家花园为他贺寿，放爆竹数万，热闹异常，梁对天津的好感更进一步，也坚定了"总住津，不住京"的想法。此时的梁启超对从政还抱着很大的期许，如果选择同样有租界的上海，距京太远，多有不便。

归国之初，家人尚在日本，梁启超租住的是天津日租界的两层欧式楼房，"月租百三十元"，但仅有可住之房四间。这是梁启超在天津的第一代饮冰室，位于今和平区新华路与鞍山道的交口。

此时梁启超的计划，"拟与政治绝缘，欲专从事于社

---

① 由军需处专门管理，用以政治性收买、采访通讯宣传行动、行军、建立扩充军团军校、购买军火、发动帝制等的经费。（参见董洪亮：《民国前期总统制度研究》，河南：大象出版社，2012年）

归国之初，梁启超在天津日租界大和公园留影
他的身后，就是天津第一代饮冰室

会教育，除用心办报外，更在津设立私立大学"，并着手
在天津寻找合适的定居之所。"觅房之事刻不容缓，我与
汝叔在天津、北京四处看房。"梁启勋坚持非日租界不租，
梁启超则还在京津之间犹豫不决，他甚至有过待全家团聚
"必都中赁一大宅"的想法。如何安顿一大家子人，成了
困扰梁启超兄弟的难题。直到转年五月中下旬，夫人李蕙
仙带着孩子们来天津前，梁启超总算租到了前清直隶总督
陈夔龙在德租界的一套花园洋房，月租二百三十两，全家
家具费不足两百金，思顺的房间花了八百金，算是给长期

协助自己的长女思顺的格外奖赏。

虽然知道天津有租界避难之利，但梁启超一直有京中大宅情结。1913年9月，出任熊希龄内阁司法总长后，梁又动了举家住京的想法，"津中之宅则留以防乱耳"，"住京较住津为适，津屋实不好住"。但他也担心住北京则百事缠身，少了进退之便，"精神之苦痛难免耳"，一如其典型的矛盾性格，梁启超再次陷入纠结之中。

在北京选房子，梁启超先是看中了北海的漪澜堂，纵然风景绝佳，终"是隐士所居，非政客所宜也"；又相中南池子一套六进四合院，但要价太高，只能作罢；情急之下，他甚至还想租住"独居国务院"的铁狮子胡同一号。直到1918年资助其弟梁启勋购置了南长街54号，梁启超的京中大宅情结才算如愿。梁启勋专门给梁启超留了十间房，作为梁启超来京时的"行营"，一般梁启超来京办事或来清华讲课的周末都住南长街。后来，梁启超来京或宿于清华北院的宿舍，或宿于北海快雪堂的松坡图书馆。对于没有在北京买房的原因，梁启超在给思顺的信中说："吾十年来，颇思念北京房子，谓为安适，今乃大觉不便，汝二叔更大攻击，吾初亦有迁居北京之意，今不复作此想矣。非惟房屋不佳，即应酬亦不了也。"

梁氏兄弟在天津英、日租界多处踏勘，直到1913年底，总算在意租界西马路买到周氏名下的一块空地，近四亩，准备修建寓所和书斋。旧楼面向西马路北段而建，原为坑洼地。旧楼后为晋寿里，1916 年，时任国会议员的程克在此建房，取名福寿里；与福寿里相通的是协丰里，1918 年，新疆督军杨增新在此建楼房四所。邻近的横二马路上，更是云集了段芝贵、章宗祥、张怀芝等达官显贵。

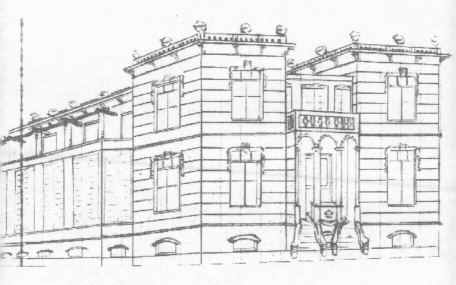

梁思达手绘饮冰室书斋外貌（天津梁启超纪念馆供图）

119

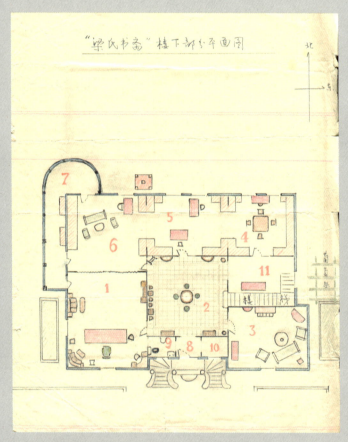

梁思达手绘"梁氏书斋"楼下部分平面图（天津梁启超纪念馆供图）

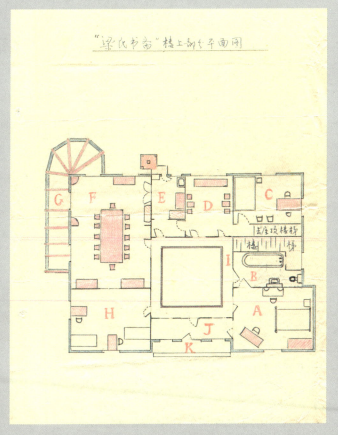

梁思达手绘"梁氏书斋"楼上部分平面图（天津梁启超纪念馆供图）

梁启超正式入住新居，要到1915年七八月间了。1915年1月梁启超回津之后，暂时住在英租界利顺德饭店。2月，在致友人的信中说："弟因京师太嚣杂，不能著述，乃于三日前来津寓西旅馆，谢客搦管。"不久，在家信中说："吾现在每日仍往利顺德就餐。"此时，复辟帝制运动甚嚣尘上，梁启超几乎不再入京，正式搬入意租界之前，他先后在前国务总理熊希龄及意大利友人马朝利家借住。房子建好后，又因房屋发生雨水浸泡以及庭院绿化等问题，梁启超多次找马朝利协商装修的工程事宜。不久，蔡锷从北京来天津密谋，就是在梁家的新居。漂泊多年的梁启超，正式在天津安顿下来了。

我想我们生活根据地在京津一带

孩子们刚进入新楼的时候，随时都会在这个迷宫一样的大房子里发现惊喜，一会儿发现这儿有个小房间，一会儿瞧见那里还有个出口。站在二楼的大露台上，可以看见院子里的葡萄

20 世纪 30 年代饮冰室外貌（新楼）。图中的窗子为位于新楼西南角的梁启超书房

架、紫藤架以及那些茂盛的树木。随手推开二楼通往回廊的一扇木门，孩子们惊喜地发现，老楼屋顶那个彩色大公鸡嘴里衔着剑，像一个伫立风雨中的侠客一样守护着这里。

1924 年建成的新楼，是梁启超的书斋，全家及常住的亲友依然住在老楼。据梁思礼回忆："平时父亲为了安静写作，除了母亲和秘书外，很少允许我们孩子们到新楼去玩的。"虽然父亲对"老白鼻"（梁启超幼子梁思礼）格外宠爱，但梁思礼每次到新楼还是有一种受到嘉奖的感觉。

东边的老楼也称旧楼，面积比新楼要大，但式样不及新楼漂亮，梁启超主要在老楼的东边写作、会客，楼上住人；新楼由意大利设计师白罗尼欧设计，最初与老楼共用一个门牌号。楼下第一层为梁启超写作的地方，由南边正门过一个大客厅后，西、北、东三面分别为书房、图书室及会客室。其中，书房位于新楼的西南角，内有一个很大的红木书桌和一个专用躺椅，四周有沙发、大玻璃柜等家具。前厅的屋顶是镶着彩色玻璃的圆顶。目前前厅正中挂着的蔡锷将军的巨幅肖像，也是按照当年的场景布置的。

　　在这里，梁启超经常给在加拿大和美国学习的孩子们（思顺、思成、思永、思忠、思庄）写信，有时兴起就让思礼坐在他身边，把着孩子的手，以"老白鼻"的名义给思顺写信。1920年春天，在上海中国公学演讲后，梁启超在给思顺的信中说："惟吾欲在上海办一大学，彼若有志能相助最善。"此时，梁启超动了迁往南方的念头。他在给女儿的信中，表达了对于南方发展环境的向往："吾自欧游后，神气益发皇，决意在言论界有所积极主张，居北方不甚便，两月后决南下，在上海附近住。"1916年，梁启超出任中国公学校长，更计划把中国公学改造成为一所真正的大学。

1920 年 9 月，梁启超以中国公学为大本营发起成立"讲学社"，罗素来华的第一场演讲即在中国公学，中国公学的名声由此打响。按照舒新城以教育影响政治的构想，拟由张东荪等人主掌中国公学，由张君劢和徐志摩等人在天津南开大学，梁启超在南京东南大学形成"研究系"三足鼎立之势，"举足可以左右中国文化，五年后吾党将遍中国"。梁启超为中国公学倾注了无数心血，但终究如他的许多宏大计划一样，还是以失败告终。为此，梁启超还让女儿帮助其筹款。1922 年，他将《中国历史研究法》稿费所得千余元用于中国公学购地建校舍，但仍是不足。1924 年，梁启超还计划谋求财政部所发二百万元公债的利息，每年约十六万元，亦未能如愿。此时，张君劢又带来了一个坏消息，《申报》对于梁启超发表言论设置了两个堪称"侮辱性很大"的条件："第一，不用向来名号，如饮冰室或其他先生所曾已署之名。第二，社论中向用文言，如登星期增刊，或'人生与教育'则白话文亦无不可。"这样的消息，更是让本来计划南下定居的梁启超悲戚莫名。正是在此前后，梁启超坚定了建设"新楼"并在北戴河购置别墅的想法。1925 年，他在给孩子的信中写道："我想我们生活根据地既在京津一带，北戴河有所房子，每年来住几个月，于身体上精神上都有益。"这时的梁启超再也不提在南方购屋居住的事了，可见其生活工作重心已经彻底转移到北方。

北洋时代，在天津住洋房、在北京住四合院、在北戴河有海滨别墅，是那个年代上层社会最崇尚的居住方式。1925年，先是意大利设计师白罗尼欧设计的新楼落成，继而梁启超又出资一万元买下章宗祥在北戴河的别墅（位于东山），作为全家人的避暑之地。但这两次置房也让梁家的财政状况一时有些窘迫，搞得梁启超又突发奇想，他向思顺征求意见，准备将"旧房子"（老楼）出租，"或者并将新房子卖去"，自己则在京另租或另买一处房子，把家里的书籍东西都搬过去。

1929年8月，梁思成和林徽因的第一个孩子在北平协和医院呱呱坠地，为了纪念在半年前猝然辞世的梁启超，二人决定为女儿取名"再冰"。转年，因家庭财政拮据，梁家以两万现大洋的价格将老楼卖给天津富商郝莲舫（一说售予开滦煤矿北方售品处）。这位郝莲舫是梁任公的一位"麻友"，曾任河北省立工业学院庶务。此后，梁家搬进新楼居住。新楼和老楼间砌起了高墙，院墙由藤萝架和葡萄架进行装饰，门牌号也分成了两个，"梁启超宅"地址是"义（意）租界西马路25号"，电话号码为40094；另一家则改为"义（意）租界西马路A字25号"。

全国抗战爆发后，梁家子女分散各地，"天津老家"只有梁启超的夫人王桂荃①独守，她终日与猫为伴。1941年，太平洋战争爆发后，王桂荃又把新楼出租给恒昌绸布店，仅留下一楼位于东南角的一间书房，用来存放梁启超的书籍。1949年天津解放后，四野萧华的司令部一度设在老楼的楼上。1950年，王桂荃迁居北京，把新楼和后面的小楼以"梁氏亲属会"的名义作价三千匹布卖给了公家，并将原来存在客厅的善本书捐献给北京图书馆，饮冰室书斋一楼大厅的书则捐给了南开大学。此后几十年，这里人来人往，先是住进了一些进城干部、军队家属和文艺工作者，后来变成了一处有几十户人家居住的天津大杂院，直到2001年改建成天津梁启超纪念馆，这里才恢复了半个多世纪前的安静。

1937年饮冰室门前合影，自左至右：张炜逊、梁思懿、梁思礼、梁思宁（天津梁启超纪念馆供图）

---

① 梁启超的第二夫人。

08

理财

吾若稍自贬损，月入万金不难，然吾不欲尔。

——1912 年 10 月梁启超致梁思顺书

梁启超自题五十五岁像赠给林徽因

（天津梁启超纪念馆供图）

1930 年 7 月，来新夏的父亲因供职北宁铁路，把家安置在离天津北站不远的律纬路择仁里沿街的一座三合院里，这里"离北站不远，夜深人静时，可以清晰地听到火车由远及近和由近及远的鸣笛声"。

每月底，是位于大经路（今中山路）上的造币厂发工资的日子。成群结队的工人领到工资从大经路附近的小街上经过，他们拿的都是现大洋，一边走着，一边数着，"叮叮当当"的银圆①声实在诱人。

1914年2月，梁启超被袁世凯任命为币制局总裁，经常坐着马车到造币厂公干。1911—1920年，北京的大米每斤三分钱，猪肉每斤一角至一角一分钱，植物油每斤七分钱。1920年，天津造币厂的工人每人每日平均可得工资大洋三角五分，全年工作日数为320天，平均每月工作27天。②这一年，北京四口之家每月十二元的伙食费，基本可以维持小康水平。当时北京国会参议院议员月薪六百元，众议院议员月薪四百元，属于高薪阶层。住在天津大经路附近的直隶省议员潘自浚，开会时每月领取一百元，不开会时每月领取六十元，属于中等偏上收入。当时北洋政府官员平均收入为每月四百一十七元左右，是省议会议长的二倍多，是一般议员的五倍左右。③

归国之后，梁启超的收入大幅增加，但并不稳定。袁世

---

① 从1912年到1936年，中国市场上流通的主要货币是银圆。据陈明远的研究结论："若以1936年标准1银圆购买力为基数，折合今（1998—2002）人民币30元，那么，华北天津在这一历史时期（1912—1938），1银圆的购买力分别大致为50元（1912年）、38元（1920年）、34元（1926年）、29元（1930年）、30元（1936年）。"——参见陈明远：《文化人的经济生活》，上海：文汇出版社，2005年。

② 刘明奎、唐玉良主编：《中国近代工人阶级和工人运动》，北京：中共中央党校出版社，2002年，第469、273页。

③ 参见陈明远：《文化人的经济生活》，西安：陕西人民出版社，2013年。

凯时期大致每月有三千元的馈赠，但并不经常发放。1925年，梁启超新居落成，又购置了北戴河别墅，按照梁启超自己的说法："今年家计总算很宽裕。"梁启超在一封家信中对本年的账目做了大致的总结，第一笔收入是商务印书馆在春节和端午送来的版税收入，总计五千元；第二笔为清华大学国学院每月的薪酬四百元，全年总计四千八百元；第三笔为段祺瑞政府每月车马费八百元，全年总计九千六百元。仅以上三项，全年累计收入一万九千四百元，可以在北戴河购置两套海滨别墅。

吾若稍自贬损，月入万金不难

1915年4月5日，湖南省立第一师范学校的杨昌济在当天日记中，记录了他与得意弟子毛泽东聊天的内容："渠之父先亦务农，现业转贩，其弟亦务农，其外家为湘乡人，亦农家也，而资质俊秀若此，殊为难得。余因以农家多出异材，引曾涤生、梁任公之例以力之。"老师的教诲让毛泽东有些欣喜，他还是第一次听到有人把曾国藩和梁启超这两个伟人作为农家子弟的卓异代表相提并论。

1873年2月23日，梁启超出生时，他的家族迁至广东新会至少有二百四五十年了，他的高祖、曾祖一直以农耕为业，是中国乡村中最常见的农民，地位、财富均微不足道。梁启超的祖父即使在成为村里的第一个秀才后，依然以农耕为生，所耕之地不过是祖上分得的几亩和考中秀才后购置的十几亩，总计不过二十亩，再分给三个儿子，梁启超的父亲所得不过六七亩，过着小农的乡绅生活。

现在不太能设想的是，梁启超这样一个穷小子当年是如何

梁启超家族合影（天津梁启超纪念馆供图）

让出身于京官之家的李蕙仙"大小姐"接受自己的生活习惯的，又是如何在寓居日本最困顿的日子里，一边"吃米饭就咸萝卜或清水煮白菜蘸酱油"，一边听梁启超在旁边风趣地阔论着国家大事和柴米油盐的。

1898年流亡日本初期，梁启超的日子还是过得去的，因为有日本政府的资助，他主办的《清议报》《新民丛报》销路不错，还有海外华侨的资助。1899年初秋，为迎接妻女来东京，家中还请了一个日本少妇帮佣。1908年保皇会投资失败，《新民丛报》被迫停刊，此时梁启超已是五个孩子的父亲，家中人口十人之多，家累日重，开销日增。梁启超的生活一时陷入困顿，在这种情况下，不得不仰仗康有为每月给的三百元过活。但不久康有为的财政也告急，梁启超只好以借贷度日。在写给仲弟梁启勋的信中，他提到目前正"以从事于著述以疗饥"。1909年，梁启超向其弟诉苦："兄近日贫彻骨……比来月因节家费，乃至德文教习不得不停，最为可惜。"1910年2月，又致函好友徐佛苏，坦诚生活困顿，近三四年来银行负债"数千金"，还款期限将至，家中节衣缩食，思顺因此停学，手头十分窘急，请徐佛苏设法借款应急。

约1918年，李蕙仙与思忠（左一）、思成（左二）、思庄（左三）、思达（左五）、思永（左六）摄于天津（天津梁启超纪念馆供图）

　　1912年归国后，在尚未出仕的情况下，虽然梁启超四处演讲、广受欢迎，但最初并没有稳定的收入。汪精卫代表国民党送来的二千元馈赠，意在缓解两派之间的隔阂，他收下了；总统秘书办给梁启超的薪酬是"月馈三千"，鉴于"旅费家费皆极繁，恐不能不受"，称袁世凯"此公之联络人，真无所不用其极也"。这是梁启超归国后的第一笔大额固定收入。只是这种"月馈"，并无保证能按时发放。此时的梁启超正是春风得意的时候，在1912年12月给女儿梁思顺的信中他自豪地宣布："吾若稍自贬损，月入万金不难。"当时一般职员或工人的月收入是八元左右，"月入万金"绝对是天文数字了。后来，梁启超为松坡图书馆筹备资金，曾售字筹款，标明每字八元。这八元钱，按当时的标准应为普通百姓两个月的基础生活费。

对比一下时任总统府统率办事处总务厅厅长唐在礼的情况，会有更深的印象：唐在礼受月薪八百元，另每月津贴公费五百元，有时购买军火，还会有些额外的款项。起初唐不敢收受，袁就对他说："这是你的名分，可以用来办点儿自己的事，不必上缴。"后来，唐在礼在西四羊市大街买下了一所清朝公爷的府第，又花了一万多元将这处三亩多宅地的四合院改造成西洋式住宅，中间修了个舞厅，经常在家里招待各国武官开舞餐会。唐在礼在总统府有一项特别的工作，名义上称军需处处长，实际则是负责调拨支付袁世凯开条子的特别费，领取这笔费用的人既有冯国璋、曹锟、杨士琦、倪嗣冲等自己人，也有像汪精卫这样的"对头"。至于梁启超，是由总统府秘书长梁士诒拉拢过来的"外人"。梁启超与袁世凯见得少，但与袁克定走得很近，梁启超的特别费大多由袁克定经手办理。

总算很宽裕

1913年，当梁启超还在京津两地四处觅房子时，四岁的曹禺（本名万家宝）经常跟着继母，从距离今天的天津梁启超纪念馆不远的家里过河去看戏。看了戏后，他就和书房的小朋友"咿咿唔唔"地扮演起来，有时按着故事演，有时就索性天南海北地编排，总要闹到塾师出来干预不可。这一年，曹禺的父亲万德尊已升任陆军步兵上校并加陆军少将衔，每月有二百元的薪俸，还有二十元的车马费。这一年，正在教育部担任五等佥事的鲁迅月薪为二百四十元，与曹禺父亲万德尊的月薪相近。

归国之后，梁启超担任司法总长、币制局总裁、宪法起草委员会委员等职务，都有相应薪酬。1915年底梁启超离津赴沪，公开反对帝制，便不再可能享受袁世凯的特殊津贴。直到1916年黎元洪任总统，大约从7月起开始给梁启超发放津贴，其后梁入阁担任财政总长，照例也有相应薪俸，但其数目不详。1917年11月辞职以后，北洋政府每月都有一

梁启超任司法总长时期照

（天津梁启超纪念馆供图）

笔津贴给梁启超，数额不等，如段祺瑞执政府所给车马费每月八百元，但这些津贴似乎一直不太稳定。梁启超在家书中屡次提及的"公府款（费）"持续了好几年，如1921年家书中还写道："本月公府费若到，请还公权京钞二百元（此次所借者），余暂存。"大致说来，梁启超每月的收入应该在两三千元左右。1917年退出政界之后，名校任教、四处讲学、稿酬版税，梁启超基本上没有再抱怨过因为收入减少而

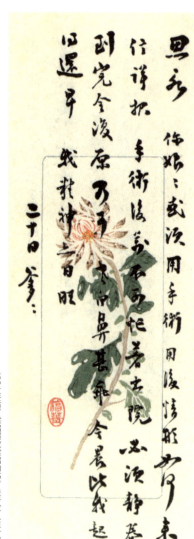

1924 年后，梁启超致梁启勋书，关于家人生计安排事

致生活困窘的情况。

在梁启超归国后的家庭生活史中，有几笔收支均与每月三千元的月入相当。三千元相当于最初梁在日本维持一大家子基本生活的费用。1908 年，康有为问梁每月生活所需几何，梁说"自用不能出三百元之下"，康有为答应每月支持他三百元，全年总计三千六百元。

归国之后，收入虽有剧增，但开销也格外巨大，"吾此间现时一月所用殆已买得起家中全产矣"，每月开销大约四千五百元，其中三千元为《庸言》杂志每月的各项开支。为此，他不得不向时任交通总长的周自齐求援："公前过津，曾许月筹津贴数百，不知现在尚能为力否？如蒙援手，感激岂任。"此时，留日未归的一大家子人，也需要他的支持。到北京后不久，梁启超就先后给尚在日本的家人寄了五千二百元之多，并约定以后每月寄五六百元。虽然归国之初所费颇多，但因为得了不少馈金，丝毫没有影响到梁启超的消费冲动。回到北京的第四天，他就去琉璃厂"扫荡"了一番，花费百数十元。恰逢新年将至，梁启超为每位家人买了礼物，举凡金镯银碟、各色衣料、绒毛棉鞋、核桃虾油等各种礼物及风物年货，大买特买，还为梁思成购置了影宋韩柳线装书一箱，像个孩子一样大把地花钱，毫不掩饰自己的兴奋喜悦之情。

鲜为人知的是，梁启超至少参与过两家天津企业的投资，先是支持范旭东在天津塘沽创办久大精盐公司，由梁启超发起并号召张謇、蔡锷等人募股五万元。梁启超与中原公司的渊源更深一些，早在日本期间，梁启超曾与华侨富商林紫垣共同参与横滨大同学校的创建，后林紫垣回国要创建现代化的百货公司，梁启超很早便参与其中。1915年他曾致信思顺："中原公司日内收股，家中能凑出三千元否？"但中原公司筹建持续多年，几经波折，直到1925年梁启超在家信中还说："今年家计总算很宽裕，除中原公司外，各种股份利息都还照常。"为了支持中原公司筹建，新楼建成后梁家人并没有马上居住，而是让给了中原公司作为办公楼，后来才收回自用。

1925年9月，夫人李蕙仙去世一周后，梁启超和子女们商量立碑事宜。梁启超在家书中说："此次葬事所费统计恐须超过三千元。虽稍费足使汝辈心安，不致后悔。好在此款全由执政府车马费项下支给已有余。二叔今日笑谓无异国葬也。"整个墓地占地三十多亩，坐落于香山卧佛寺中的东面（今北京植物园内），包括购地、工程、葬仪等费用总计花费三千余元。后因购买石碑，统计花去了四千五百余元。后来这里成了梁启超家族的墓地，梁启超和他的两位夫人、梁思忠、梁思庄等人均长眠于此。

作为大家长，梁启超一直在为家族的财富做长远谋划。1923年致思顺说："你们攒下那几个钱，最好是买七年长期公债。"一年后又建议："买九六公债事，当照办这种公债看定是好的，两年后定涨到五折以上。"随着时局的变化，他还劝大女婿周希哲脱离政府，辞职去东北做生意。在他看来，那时候做生意，

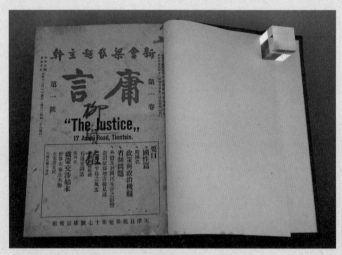

梁启超在天津创办的《庸言》书影（天津梁启超纪念馆供图）

　　"没有第二个地方比东三省好了"。无奈随着日本的侵略扩张，几年后他为思顺一家人设想的一切，全部化为泡影。随着国民军北伐，梁启超陆续将手中的股票、保险等变现，并汇给在国外的长女梁思顺，让其代为保管和经营。这个曾经做过北洋时代财政总长的首席设计师，终究要过时了。

而存款非另筹曹五带四百元存在
而又随时支零用 每月所馀无几似
世兼无利益擬诸芳棣们售出易取
现款请即覆

梁启超致梁启勋书，内容与经营股票债券有关

09

趣味

我是个主张趣味主义的人，倘若用化学化分"梁启超"这件东西，把里头所含一种元素名叫"趣味"的抽出来，只怕所剩下的仅有个零了。

——梁启超《学问之趣味》

今天，你若从北京南站坐高铁，半小时或四十分钟就到天津站。到天津站后，跟鲁迅一样坐上人力车（天津人俗称"胶皮"），不出十分钟就可以到饮冰室了，这是最理想的方式。现在自然是没有人力车了，如果没有要紧的事情，不妨安步当车，从车站前广场出，右转建国道。或者不出站的话，坐一站地铁，到建国道站，沿民族路步行几分钟，你，就可以与这位大脑门的饮冰室主人面对面了。

梁启超在饮冰室写作

2022 年世界读书日，本书作者在饮冰室大书架前

　　这里是位于天津市河北区意式风情区的天津梁启超纪念馆，在一个日和风暖的下午，如果你看过了老楼的展览，参观了新楼的书房、客厅等复原场景，似乎参观就要结束了。你慢慢地走出大门，先是站在靠近紫藤架的位置，看着这幢两层的意式小楼在黄昏的余晖中闪光，又走近了些，站在台阶下仰望上方那块写着"饮冰室"三个大字的木匾，脚步轻轻。你试着重新推开这扇大门，重新站在前厅屋顶彩色玻璃的欧式大吊灯下，对这位饮冰室主人还会有些许好奇、些许期待，脑子里还会浮现出一串问号。

你，顺着参观过的场景逐一探视，发现门口的客厅中没有谈话的声音，主人也没有在大书桌前伏案写作，也没有在靠近墙角的沙发上抽烟闲聊，麻将室里也没有主人与好友轻声调笑的欢快之声，你试着贴着书架前的护栏想打开大书柜，打探一下主人在看什么书，或者看看靠窗的秘书办公桌上又到了哪些新来的报刊、电报和信函。走在这样的历史现场里，你总是忍不住想象饮冰室主人当年的生活情景、动作表情。尤其在这样的下午，你忍不住拉开椅子坐下来，阳光透过百叶窗投射在桌面上，一些灰尘都细微可见，你忍不住打开手里这本书，在离他最近的位置读了起来。

我最爱的孩子们

这时，你仿佛听到有人噔噔上楼的声音，孩子们嬉笑的声音，还有一个人高谈阔论引来众人哄堂大笑的声音。你跟着小白（梁启超纪念馆收养的一只白色小狗），悄悄地站在楼下听着，继而看到有学生模样的人上楼，你就跟了上去，看到的梁家一家人围着二楼的大餐桌坐在一起进餐、闲聊，你看见坐在他身边的太太冲着你喊："来！来！"你跟着刚才那个学生找位子坐了下来。吃饭快的孩子早已经吃完了，坐在餐桌中间位置的就是梁启超了，他一边喝着老酒，一边兴致勃勃地讲着他在写的书稿，还有明天要去南开大学演讲的题目，说到南开大学的时候，他又说起大高个儿张伯苓校长让学生们在困难中要顶住，"要光着屁股从床上跳起来"①，引得在场的女眷们捂住了嘴，孩子们则跟着一阵哄笑。欧式大吊灯下，这桌饭菜算不上多么丰盛，你看到他跟照片里的样子也只是近似，他滔滔不绝的样子让你有些熟悉，又有些陌生。又过了半个小

———————————————

① 宁恩承：《百年回首》，沈阳：东北大学出版社，1999年，第72页。

双涛园群童（天津梁启超纪念馆供图）

时，桌上的人有的走了，你知道这是这家人吃饭独特的规矩，在饭桌上天南海北可以无话不谈，其他人可听可不听，谁先吃完谁可先走，也有的孩子在外边玩耍了一会儿又回来吃了一口，打了招呼就蹦蹦跳跳地下楼了。直到你也跟着几个人走的时候，最后就只剩下梁启超和李蕙仙夫妻两个了，他们毫不在意，依旧兴致勃勃地聊着，只是声音没有那么大了。

　　他的个人生活基本上没有规律，但是一起吃饭聊天的习惯却保持了许多年。他狂热地工作，护国战争期间，他竟然"未尝食一顿正经饭，未尝睡一场正经觉"；他痴迷于打牌，有时能够连续打上几天几夜；他酷爱写作，即使打着麻将，也会挤出时间来写东西，而且一旦兴致来了，几天几夜写个不停；他喜欢喝酒，常常不知节制，一醉方休；他烟瘾很大，一次他下班坐包月车回家，一路上专心地酝酿一篇文章，回到家时，文章腹稿已成，烟头却把棉衣烧了个小洞，自己一点也没有察觉；他还酷爱吃辣，医生劝他少用，但是他一旦见了辣物总是管不住自己。

他的书房不让孩子进来，只有一个人例外，那就是"老白鼻"。"老白鼻"还没到读书的年龄，刚读了十几首唐诗，每天也就有模有样地教他的保姆老郭一起念。一天，"老白鼻"抱着小猫来找爹爹告状："老郭真笨，我教他念'少小离家'，他不会念，念成了'乡音无改把猫摔'。"一边说，一边把手里的猫摔下了地，惹得梁启超大笑。

1934年，梁思礼与梁思懿在饮冰室合影（天津梁启超纪念馆供图）

他有些琐碎，细腻，甚至是唠叨。他不仅是孩子们的慈父，还是孩子们的朋友。他对孩子们的爱发自肺腑，他说："你们须知你爹爹是最富于情感的人，对于你们的爱情，十二分热烈。"如果没有保留下来这些家信，我们看到的可能就不是一个完整的梁启超。

他时常有脆弱的时候，偶尔醉了，或者微醺，他总是喜欢在纸面上和孩子们畅叙："书也不读了，和我最爱的孩子谈谈吧。"无论多晚，他都要给子女写信。有时已经深夜一两点了，哪怕停电了，点上洋蜡，也要给子女们写信。即使是在协和医院治病时，他也要用吃饭板垫起来给孩子们写信。这样一个感情充沛的人，他似乎把所有的柔情都移情给了写信时的自己和子女："思顺这次来信，苦口相劝，说每次写信就流泪。你们个个都把爹爹当宝贝，我是知道的。"

他那无处倾诉的苦闷，总是向思顺诉说。他的著作累计有一千四百万字之多，其中书信就占十分之一，写给思顺的最多。从辛亥革命那年起，他便不断地给思顺写信，父女两个人几乎无话不谈。

他会向女儿抱怨，向女儿叹息，向女儿撒娇，也会向女儿炫耀。与其说思顺是他的倾诉对象，不如说思顺是他的"精神宗教"和"心灵慰藉"。1912年归国之后，他一方面扬扬得意地向女儿宣称："吾一身实为北京之中心，各人环绕吾旁，如众星之拱北斗"，一方面又向女儿抱怨："应酬苦极，夜不得睡，今日虚火涌上，牙疼大作。"当1913年进步党遭受挫折，他对女儿大呼："吾党败矣！吾心力俱瘁！"1916年周旋于京津之间，他对女儿说："嗟夫思顺，汝知我今日之苦闷耶！"归国之初，一家人尚在日本，每至夜深人静"念汝不能去怀，……乃连呼汝名"，"吾每不适，则连呼汝名，聊以自慰"。有时更是亲昵地呼喊："我的宝贝思顺，……汝为我爱儿。"父女情深，无法言喻。到了晚年，他坦白地向思顺承认，爱自己的女儿胜于爱女婿和媳妇："平心而论，爱女儿那里会不爱女婿呢？但总是间接的爱，是不能为讳的。徽因我也很爱她，我常和你妈妈说，又得一个可爱的女儿。但要我爱她和爱你一样，终究是不可能的。"

他愿意为子女们付出必要的生活支出，也一直乐道于梁家的寒士家风，他总是对孩子们说："生当乱世，要吃得苦，才能站得住（其实何止乱世为然）"，要磨炼君子人格。听到思顺抱怨在加拿大的生活条件，他提醒女儿说："你和希哲都是寒士家风出身，总不要坏自己家门本色。"他时常把书作为给孩子的重大奖赏，他将孩子们都送到国外去留学，也要求他们认真读好中国书。他有一个很厉害的本事，就是他总能隐隐地营造一种氛围，让这些孩子自觉地走上某个道路，并且会让孩子觉得那是他自己的选择。

梁启超携林徽因（右）、梁思庄游长城

最少也想你们参采我那烂漫向荣的长处

他是近代中国知识分子第一人，他也是近代中国知识分子第一名。

在近代中国千年未有之变局中，他是第一个提倡"现代化"的中国思想家，是近代以来中华民族复兴路上的启蒙导师，是影响中国历史进程的人物之一。

他是第一个使用"中华民族"概念的中国人，像我们今天挂在嘴边的"文明""政治""经济""科技""组织""干部"等词句，均始于他从日文引入。他以言论起家，也以言论扬名于世，他创办报刊，发表政论，演讲授课，著书立说，他发明了介于文言与白话之间的"新民体"，气势如虹，朗朗上口，"使读者不能不跟着他走，不能不跟着他想！"

他是亚洲第一个共和国的缔造者之一，胡适曾讲："使无梁氏之笔，虽有百十孙中山、黄克强，岂能成功如此之速耶！"那时年轻一代的知识分子，几乎无一不受梁启超思想和文字的洗礼。晚清的黄遵宪说他："惊心动魄，一字千金，人

梁启超56岁时留影（天津梁启超纪念馆供图）

人笔下所无，却为人人意中所有，虽铁石人亦应感动。从古至今，文字之力之大，无过于此者矣。"近代的曹聚仁说他："过去半个多世纪的知识分子，都受了他的影响。"

他是"八岁学为文，九岁能缀千言"的神童，他为子女及谢国桢讲解贾谊的《天人三策》，且讲且背，并不看书。谢惊讶，他笑曰："余不能背诵《天人三策》，又安能上万言书乎！"他不仅有惊人的记忆力，更有"倚马可待"的惊人才气。他走上讲台，打开讲稿，目光向下面一扫，开口是"启超没有什么学问——"，眼睛向上一翻，轻轻点一个头："可是也有一点嘞！"这样谦逊、自负又风趣的话，也只有他才讲得出来。

他是如文艺复兴时代百科全书式的人物，研究范围之广、开拓领域之博、传播新知之速，开风气之先，大开大合，兴会淋漓。他是"新思想界之陈涉"，有些像历史上的李世民和忽必烈，"虽未及建国立业，其气势与规模已足以骇人"。他总是把摊子铺得很大，"每一学稍涉其樊，便加罗列"。他自己也深知："吾辈病爱博，用是浅且芜。"他总是告诫年轻人："这不是什么长处，你不要羡慕。"

他是一个"趣味主义者"，"吾之天性富于情感，而志不懈于向上"，即使在失败中也总能找到趣味："我每历若干时候，

梁思成年轻时自拍像（天津梁启超纪念馆供图）

趣味转过新方面，便觉得像换个新生命"，"我虽不敢说趣味便是生活，但敢说没趣便不成生活"，"我虽不愿你们学我那泛滥无归的短处，但最少也想你们参采我那烂漫向荣的长处。"他像一个永远充满好奇心的孩子，每接触一个新的领域，他总是全身心地投入，哪怕明知是风云诡谲的政治旋涡，也总是义无反顾地置身其中。他渴望站在舞台中央，渴望得到众人的敬仰，但是他总是觉察不到横在他前面的种种陷阱。

他不在乎别人说他"善变"和"屡变"，不惜"以今日之我与昨日之我战"。他不是传统的书生，他只是书生气十足，总是在学术与政治、幻想与现实的两个世界中徘徊。有时候，他义无反顾，热血沸腾；有时候，他又堕入政治污秽之中不能自拔。虽然冷眼看穿，到底热肠挂住，他终究抵不过应急的情怀与诱惑，一次次以自己的微弱之躯，拖动着危难中的国家迈向更新的文明。身处这样一个变异之速、日新月异的时代，他深知"时势逝而不留者也，转瞬之间悉为刍狗"的急迫，选择做一个"转巨石于危崖"的"救快男儿"，他觉得自己已经参透了成败，"视一切事，无所谓成，无所谓败"。

他像是一个生活在各种时间轴上的时间捕手，像是隐藏在我们书架背后的隐士，对每一次所经历的历史现场中的中心人物及周遭一切充满好奇，他唯独不在乎自己。这使他像胡适所说像孩子一样的全无心机，这使他毫无戒备之心；当他被一些年轻人挖苦时，他会找更多的机会面向另一些更年轻的年轻人。想到他所经历的那些历史事件，你会忍不住叹息，但是他依然可爱而天真。唯有一个命题，似乎超出了他永不餍足的好奇心、永远感性的表达力，那就是他自己。

10

今日

要之，生为今日之中国人，安得有泰适之望，如我者则更无所逃避矣。……我是一个热烈的爱国主义者。

——1913 年 4 月 29 日梁启超致梁思顺书

天津梁启超纪念馆安静地坐落在游人如织的意式风情区里，院落中央矗立着梁启超手握书卷、低颔沉思的坐像——他在注视着过往的行人。围墙外路过的游客经过这里，有的停下脚步，打量这座静坐着读书的雕塑。雕塑的后边，在老楼与新楼之间的过道前立着一块牌子，是梁启超写的四个大字——无负今日。

梁启超题词"无负今日"（天津梁启超纪念馆供图）

梁启超

　　这四个字，是1925年他为国立北京师范大学校（今北京师范大学）所作的题词。总觉得"无负今日"是他说给自己听的，总觉得他是越过了五四一代新青年，眼睛看着更年轻的"90后""00后"说给今日听的："无精神生活的人，知识愈多，痛苦愈甚。"

　　今天的人提到他的名字，往往还是提到康有为，也许还会想到近些年颇为流行的《少年中国说》，更多人关注的则是"一门三院士、九子皆才俊"的家族成就。似乎这样一个人，百年前曾经引领的那些思想潮流经过历史的沉淀后已经沉寂了，他的名字、他的故事、他的思索、他的争议、他的急迫，似乎都已经成了泛黄的历史胶片和零碎铅字，退隐到了书架上，只留下一些模糊的印记。

在那个被李鸿章称为"三千年未有之大变局"的时代里，在他自己称之为"千年一变"的年代里，梁启超的一生跌宕起伏，"负责任最苦，尽责任最乐"，他是一个时代的化身，代表了"那个曾经震荡中国知识分子至几十年之久的大运动"。

1908年，梁启超曾以敏锐的眼光、史家的视角著《王安石传》，试图从王安石的得失成败中寻到当下的救国之道。如果能够穿越千年，让王安石和梁启超分别乘坐开往"千年一变"的时空列车，前往对方的时代，围绕着"理财政""改官制""励人才"三件大事让他们各自作答，他们又会交出怎样的答卷？同样赤子之心，同样书生意气，同样面临燕巢危幕式的时代剧变，同样是誉满天下、谤满天下。当千年前的王安石与百年前的梁启超相遇，打开

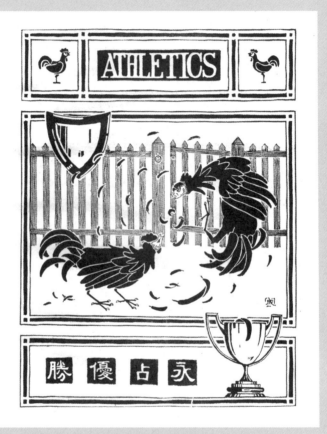

梁思成在《清华年刊》（1923）中所绘插画（天津梁启超纪念馆供图）

一坛陈酿，是否也会如梁启超在《王安石传》的序言中所叹："未尝不废书而长恸也。"

　　如果能够穿越回1898年9月21日的下午，如果能够为梁启超选择一个可与他一起成为"行者"的人，我希望这个人是谭嗣同。一个高视阔步、魄力绝伦的世家子弟，一个英才亮拔、学贯天人的寒门才俊，如果进行一下角色转换，让梁启超来做这个"我自横刀向天笑"的"死者"，让谭嗣同来做这个"不以行者无以图将来"的"行者"，他们未来的人生以及参与的历史又会发生怎样的翻转？

　　如果能够穿越到1922年冬夜的南京，参加一场"救快男儿"与"神州袖手人"陈三立的对谈，看他们推杯换盏，听他们追忆当年往事，谈起在北京与谭嗣同的生死诀别，谈起在天津与蔡锷的生死密约，今人会不会也跟着这两位阔别二十五年的"维新梦中人"同声叹息："今不可复得矣。"然后一起喝他个酩酊大醉？

　　如果能够回到1925年的清华，希望在课堂上与梁实秋、闻一多、梁思成一起现场感受他这样讲解《箜篌引》的"公无渡河"：

　　　　他先把那首古诗工整地用粉笔抄写在黑板上后，便朗诵一句"公、无、渡、河"，不等朗诵完，就大声喝彩，叫一声"好！"

然后重复地念"公、无、渡、河"，又大叫一声"好！"再继续朗诵"公竟、渡河"，再大喊一声"好！"接着来回走动抑扬顿挫地朗诵，"渡河、而死，其奈、公何！"全部诗句朗诵完了后，竟连续地大声叫道："好！真好！实在是好！"他就这样自我陶醉地一唱三叹，一声高过一声，并无半句解释。待朗诵赞叹过后，他就高呼也在听课的儿子梁思成："思成，抹黑板，快抹黑板！"

看着梁思成擦过的整洁的黑板，不难想象，这位"白首狂夫"怀揣了一份怎样急不可耐的人生目标，又肩负着怎样的时代使命，竟然促迫他在天色刚亮时就冲出家门，一路狂奔，涉险蹈死而不顾、堕河而死而后止呢？这，像极了他自己的人生，也像极了他那个时代的知识分子们。

如果他们穿越过来，希望让梁启超和胡适进行一次直播辩论：梁启超到底是有人说的他总是跟着时代在走的补中益气汤，还是胡适说的"我们跟他走到一点上，还想往前走，他倒停住，或是换了方向"。

梁启超晚年与孩子合影

吾病不轻 但决非敢顷入协和欲汝归
侍领馆费务署久结果亦非计调部
何如霞君归庄宜入美 雪千金不偿
庄莘

梁启超致梁思顺书（约1926年）

如果回到 1918 年梁家暑期学校的课堂上，他会不会看着二十六岁的思顺、十八岁的思成、十五岁的思永，还有不到十岁的思忠、思庄，还会这样开心地跟他们讲起后来"老白鼻"闹的笑话，还会跟他们说他要结束一切社会活动，在家里专心教育孩子们。

如果跟随他乘坐那趟轰隆驶过的千年列车，一些历史思绪、一些历史表情、一些历史叹息、一些历史疑问扑面而来，时而静寂无声，时而碎片成型，有的雕刻在山河里，有的散落在喧嚣的暗影中。越是触摸这样的深痕，越是感受滚烫和冰冷，越是相信他是从未来的某个时空穿越到那个年代的"预言者"。这个生于一百五十年前的广东人，早在 1902 年就写过"政治幻想小说"的人，他预言了中华民国的民主共和制度，预言了未来的汉学热，甚至还预言了世博会要在上海举办。这个在天津这座"万国之城"寓居十四年的中国新民，还预言要找到治愈中国的方子。他也在海河畔的这所房子里预言过自己的未来，他说他是"中国不可少之一人""无论中国亡与不亡，举国行当思我耳"。

1899 年，梁启超在《清议报》上第一次提出"中国魂"的概念："今日所最要者，则制造中国魂是也……使国家成为人民之国家，则制造国魂之机器也。"梁启超，正如他的名字，一个终生都在从事启迪、启蒙、启智的思想超

天津梁启超纪念馆中的梁启超雕像

人。他的价值，正如诗人余光中参观饮冰室后留下的这句感慨："其室名冰，其人犹热。"他的探寻，他的故事，不是教科书上的零星文章和博物馆里的如烟往事，而是近在咫尺却触不可及的时间深痕，有的冰冷，有的滚热。

HOW TO READ TIANJIN

GREAT TALENTS

后记

　　一座城市的文化名人、历史遗迹、自然风物，是城市生命的一部分。

　　天津拥有600多年的建城史，既有辉煌的历史，又有广阔的发展前景，是一座古老又年轻的城市。百年中国看天津，近代天津人才辈出、群星璀璨，对天津乃至中国影响深远。

　　"阅读天津·群星"汇集了十册天津历史上的前辈大师的传记——严复、梁启超、张伯苓、李叔同、周叔弢、杨石先、曹禺、陈省身、孙犁、马三立，他们在思想、教育、艺术、实业、科技、文学等不同领域，反映了天津城市精神的高度和深度。

　　当梁启超在饮冰室伏案疾书，笔毫轻柔，却策动轰轰烈烈的护国运动；当张伯苓在南开大学始业式上提出"爱国三问"，话语平实，却激荡全国学子自强图存的爱国情怀；当陈省身坐在轮椅上为本科生讲授微积分，满头银发，却思维敏锐地点拨着中国数学的未来人才；当马三立上台三两句话就引得众人捧腹大笑，轻声细语，却道出老百姓的喜怒哀乐和生活精髓……

　　"阅读天津"系列丛书的策划、创作、出版过程，凝结着众多关心热爱天津这座城市的人的心血。此前发布的"津渡"一辑以海河为切入点，让读者犹如乘舟顺水而下，遍览一部流动的城市史诗。"群星"一辑则是为十位大先生立传，也是为这座城市立传。他们在各自领域成就斐然，是天津精神的集中体现。讲述大先生的生活经历和思想轨迹，也是在讲述大先生之于当代人的意义——高山仰止，景行行止！

　　编辑出版"群星"的过程是我们对中华优秀传统文化进行通俗化阐释的一次尝试，旨在进一步突出天津这座城市鲜明独特的文化内涵，让更多的朋友再次发现天津的城市魅力，通过阅读天津，进一步认识天津、热爱天津。为了延续"津渡"一辑的热度，高质量出版"群星"小辑，我们约请了多位颇具创作实力的撰写者参与创作：赵白生、徐凤文、岳南、康蝴、于霄丹、韩石山、杨一丹、李扬、张国、张莉、马六甲。这些创作者中既有长期从事相关研究的学者，也有文采卓然的专业作家，还有传主的家属。各位作者从不同角度对十位大先生的人生经历进行了深入浅出的解读，通过对人物的挖掘，彰显了近现代天津独具风韵的人文精神。

最后，感谢中共天津市委宣传部为本书出版进行的谋划指导，帮助鼓励我们打造文化品牌，出版津版好书；感谢罗澍伟、谭汝为等专家学者为我们提供学术支持，修正内容细节；感谢"群星"的作者、设计师、摄影师以及每一位为本书出版付出努力的人。当然，最应该感谢的是我们的读者，正因有这些天津故事的阅读者、传播者，才有了天津文化的不竭源流。期待能够以书籍为桥梁，与广大读者一起领略"群星"闪耀的天津风采，共同见证这座古老而又年轻的城市在新的历史坐标上绽放光华。

"阅读天津"系列口袋书出版项目组

2023年11月